事业单位会计制度辅导教程

《事业单位会计制度辅导教程》编写组 编

中国财政经济出版社

图书在版编目（CIP）数据

事业单位会计制度辅导教程 /《事业单位会计制度辅导教程》编写组编. —北京：中国财政经济出版社，2013.5
ISBN 978-7-5095-4465-5

Ⅰ.①事… Ⅱ.①事… Ⅲ.①单位预算会计-会计制度-教材 Ⅳ.①F810.6

中国版本图书馆 CIP 数据核字（2013）第 083923 号

责任编辑：徐 洁　　　　责任校对：胡永立

中国财政经济出版社 出版
URL：http：//ckfz. cfeph. cn
E-mail：ckfz@ cfeph. cn

社址：北京市海淀区阜成路甲 28 号　邮政编码：100142
发行处电话：88190406　财经书店电话：64033436
涿州市新华印刷有限公司印刷　各地新华书店经销
850×1168 毫米　32 开　8.625 印张　210 000 字
2013 年 5 月第 1 版　2014 年 6 月涿州第 4 次印刷
印数：18 001—20 000 册　定价：22.00 元
ISBN 978-7-5095-4465-5/F·3613
（图书出现印装问题，本社负责调换）
本社质量投诉电话：010-88190744
反盗版举报热线：88190492、88190446

目　录

第一章
《事业单位会计制度》概述

我国事业单位会计标准体系基本形成于 1998 年前后，主要是由适用于一般事业单位的《事业单位会计准则（试行）》、《事业单位会计制度》以及适用于医院、高等学校、中小学校、科研、测绘及地质勘探等行业事业单位会计制度所构成。

原《事业单位会计制度》（以下简称“《旧会计制度》”）发布于 1997 年，自 1998 年 1 月 1 日起施行，对规范事业单位会计核算、服务财政预算管理发挥了积极的作用。从 1998 年 1 月 1 日我国正式施行事业单位会计制度至今，事业单位的会计核算整体上有了很大程度的改进。

随着我国改革开放的不断深入和市场经济体制改革不断向纵深发展，原有的事业单位会计制度已难以符合新时期的要求。为了适应财政改革和事业单位财务管理改革的需要，进一步规范事业单位的会计核算，促进公益事业健康发展，财政部于 2012 年 12 月 19 日修订发布了《事业单位会计制度》（财会［2012］22 号）（以下简称“《新会计制度》”），规定自 2013 年 1 月 1 日起全面施行。

在这里，本章就《新会计制度》的重要意义、基本原则、重大变化及适用范围等相关内容进行梳理和介绍。需要补充说明的是，为了避免重复，有关新制度的主要内容及具体操作办法详见后续章节，这里只做一个概括性的介绍。

第一节 《事业单位会计制度》修订的必要性和基本原则

一、《事业单位会计制度》修订的必要性

近年来，随着我国公共财政体制改革的不断深化、事业单位体制改革的逐步推进，对事业单位的预算管理和财务管理都提出了新的、更高的要求，《旧会计制度》已经难以满足各方面需要。概括起来说，其修订必要性主要包括如下几个方面：

（一）适应财政管理改革的需要

在旧制度出台之后，围绕公共财政体制建设，部门预算、国库集中收付、政府收支分类、国有资产管理等各项财政改革不断深入推进，很多改革涉及会计科目及核算方法的调整，为了实现会计标准与相关财政改革的有机衔接，确保相关财政改革政策的贯彻落实，需要修订《会计制度》。

（二）配合《事业单位财务规则》实施的需要

2012 年 2 月，财政部发布了新修订的《财务规则》，并自 2012 年 4 月 1 日起施行。《财务规则》在强化事业单位预算管理以及进一步规范事业单位收入、支出、结转结余、资产、负债管理等方面提出了若干新的要求，迫切需要修订《旧会计制度》，通过加强日常会计核算与管理落实新的财务管理要求。

（三）进一步规范事业单位会计行为、提高事业单位会计信息质量的需要

随着近年来事业单位内外环境的变化，《旧会计制度》在诸多方面逐步暴露出不适应和不协调，如基建“游离”大账、不计提固定资产折旧、资产计量口径模糊、财政投入资金核算不清晰、会计报表结构不合理等，都影响了事业单位会计信息的全面

性、准确性和有用性，亟需进行修订。

另外，在近两年国务院打击“假发票”、治理“小金库”等专项治理活动中，均对修订《会计制度》，进一步规范事业单位的会计行为，确保会计信息的真实性、完整性提出了明确要求。

二、《事业单位会计制度》修订的基本原则

鉴于上述情况，此次在修订《新会计制度》的过程中，主要遵循了以下原则：

（一）遵循《事业单位会计准则》的原则

修订《新会计制度》与修订《事业单位会计准则》（以下简称“《会计准则》”）保持同步。修订后的《会计准则》于2012年12月6日以财政部第72号令正式发布，规定了事业单位会计目标，会计基本假设，会计核算基础，会计信息质量要求，会计要素的定义、项目构成及分类、一般确认计量原则，财务会计报告等基本事项，是制定所有事业单位会计制度（包括《事业单位会计制度》和各行业事业单位会计制度）的基础和依据，在整个事业单位会计体系中起统驭地位。修订《新会计制度》遵循了《会计准则》的规定。

（二）与《财务规则》相协调的原则

《财务规则》在维持现行事业单位财务管理体制和财务制度框架体系基本不变的前提下，重点针对部门预算、国库集中收付、政府采购、非税收入管理等各项财政改革对相应的内容作了修订。修订《新会计制度》的基本思路和定位与修订《财务规则》相一致，即在维持现行事业单位核算基础和基本会计模式不变的前提下，重点适应财政改革、着力解决会计实务核算中的突出问题来进行修订。修订后的《新会计制度》在适用范围、会计核算基础定位、收入支出科目分类、资产负债确认计量等方面与《财务规则》保持了基本一致。

（三）服务财政科学化精细化管理的原则

事业单位会计制度是财政科学化精细化管理的基础性制度之一。更好地服务财政科学化精细化管理是本次修订《新会计制度》所遵循的重要原则之一。修订后的《新会计制度》要求事业单位区分财政补助和非财政补助，分别核算和反映其收入、支出、结转和结余，进一步规范了非财政补助结余分配，要求各项收支按照政府收支分类科目进行明细核算，在财务报表组成中专门增加了“财政补助收入支出表”，由此所提供的会计信息更为精细、科学，将为财政预算管理、单位财务管理发挥更好的基础性作用。

（四）提高事业单位会计信息质量的原则

本次修订《新会计制度》，着力解决事业单位会计实务核算中的突出问题，针对不计提折旧、基建游离大账、捐赠划拨资产不入账、财政投入资金核算不清晰、一些重要业务核算无规范、会计科目体系滞后、会计报表结构不合理等问题，都在《新会计制度》中引入了相关改革举措和改进办法，从而将大大促进事业单位会计核算水平和会计信息质量的提升。

第二节 《事业单位会计制度》的适用范围

一般来讲，如果事业单位所处的行业存在国家统一规定的行业事业单位会计制度，则该事业单位适用特定的行业事业单位会计制度（如公立医院适用《医院会计制度》）；没有国家统一规定的特定行业事业单位会计制度的事业单位，都适用《新会计制度》。

关于《新会计制度》的适用范围，还有一个排除和一个另行规定需要注意：

一是纳入企业财务管理体系执行企业会计准则或小企业会计准则的事业单位不执行新《会计制度》；

二是参照公务员法管理的事业单位的会计制度适用问题，将由财政部另行规定。

与《会计准则》相适应的是，《新会计制度》在适用范围上有两点尤为值得注意。

1. 基本建设投资的会计处理和报告在适用《新会计制度》的同时，还应当按照国家有关规定单独建账、单独核算。

在《新会计制度》出台之前，政府对事业单位的基本建设投资，是按照《国有建设单位会计制度》规定核算的，所以《旧会计制度》中规定的财政补助收入不包括财政对事业单位的基本建设投资，这就造成了事业单位会计核算和报告存在着核算内容不完整、披露信息不全面等一系列问题。为了体现会计信息的全面性要求，《新会计制度》明确规定，基本建设投资的会计处理和报告适用本制度，从而为各会计制度将基建项目并入会计“大账”提供了依据。

当然，考虑到基本建设投资与事业单位日常的经济业务活动仍存在着较大差异，所以基本建设投资按照《新会计制度》进行会计处理和报告的同时，还应当按照国家有关规定单独建账、单独核算。

2. 《新会计制度》普遍适用于全国各级各类事业单位的同时，充分考虑实务操作的需要，设置了几种例外的情形。

与会计准则强调统一性不同的是，会计制度则更加注重实务的可操作性，需要充分考虑到不同行业主要经济业务的多样性和会计核算的特殊要求，所以，此次新颁布的《新会计制度》明确规定，“本制度适用于中华人民共和国境内各级各类事业单位”，但“根据财政部规定适用行业会计制度的事业单位，执行相应行业会计制度，不执行本制度”。

另外，我国目前正处于一个政事、企事分开，明确政府机关、事业单位、企业各自的职能和运行机制的过渡阶段。有些事业单位向企业转型，主要通过市场取得收入，基本不再使用财政拨款作为自身运营的收入。这些单位不再无偿或低价收费提供服务，而是采取等价、有偿收费的方式提供服务。虽然这类单位有的法人登记还没有变更为企业法人，仍以事业法人登记注册，但实质上已经是营利性的企业，亦不执行本制度。还有一些被称为事业单位的机构，其实际执行的是政府职能，其经费完全由财政拨款，那么，不管它是按照什么机构进行登记，这些单位应按其职能和运作方式采用行政单位会计制度，也不执行本制度。

第三节　《事业单位会计制度》的基本内容

《新会计制度》详细地阐述了事业单位各项业务的操作流程和核算方法，是事业单位会计核算的操作指南。

一、事业单位会计制度的结构

《新会计制度》详细规定了会计科目使用及财务报表编制，全面地规范了事业单位经济业务或事项的确认、计量、记录和报告方法，为事业单位会计核算实务操作提供了指引。

《新会计制度》共包括五部分内容：

第一部分：总说明。明确了事业单位会计制度适用范围，界定了事业单位的会计要素和确认基础，提出了会计科目运用、财务报表编制的要求。

第二部分：会计科目名称和编号。以会计科目表的形式列出了事业单位会计科目的序号、编号和名称。

第三部分：会计科目使用说明。详细说明了事业单位各会计科目的核算内容、明细科目设置和主要账务处理方法。

第四部分：会计报表格式。规范了事业单位会计报表的编号、名称、编制期和表格式样。

第五部分：财务报表编制说明。明确了事业单位会计报表各栏目、项目的内容和填列方法。

二、事业单位会计的确认基础

会计确认是将发生的会计事项归于特定的会计要素及相应账户的过程。事业单位发生一项特定的业务或会计事项，首先必须经过会计确认，才能进行后续的计量、记录和报告等。

会计确认基础是解决何时确认的问题。在发生的事项被确认为特定的会计要素后，需要确定其计入相应会计账户的时间。会计基础确认对事业单位财务报告有着较大的影响，不同确认基础下的会计信息有着不同的含义。事业单位会计应当根据会计目标的要求和会计规范的规定，合理选择会计确认基础。

（一）会计确认基础的种类

会计确认基础包括收付实现制和权责发生制。

1. 收付实现制。

收付实现制又称现金制，是以现金收到或付出为标准，来记录收入的实现和费用的发生。按照收付实现制，收入和费用的归属期间将与现金收支行为的发生与否紧密地联系在一起。凡在本期实际以现款付出的费用，不论其应否在本期收入中获得补偿均应作为本期应计费用处理；凡在本期实际收到的现款收入，不论其是否属于本期均应作为本期应计的收入处理；反之，凡本期还没有以现款收到的收入和没有用现款支付的费用，即使它归属于本期，也不作为本期的收入和费用处理。

2. 权责发生制。

权责发生制又称应计制，是指以实质取得收到现金的权利或支付现金的责任权责的发生为标志来确认本期收入和费用及债权和债务。凡是在本期内已经收到和已经发生或应当负担的一切费用，不论其款项是否收到或付出，都作为本期的收入和费用处理；反之，凡不属于本期的收入和费用，即使款项在本期收到或付出，也不应作为本期的收入和费用处理。

（二）事业单位会计确认基础的选择

事业单位会计同时存在两种会计确认基础，有些业务采用收付实现制确认，另一些业务则采用权责发生制确认。

《事业单位会计准则》规定，“事业单位会计核算一般采用收付实现制；部分经济业务或者事项采用权责发生制核算的，由财政部在会计制度中具体规定。行业事业单位的会计核算采用权责发生制的，由财政部在相关会计制度中规定。”

《事业单位会计制度》对会计确认基础的选择进行了具体规定。

1. 事业单位会计核算一般采用收付实现制，但部分经济业务或者事项的核算应当按照本制度的规定采用权责发生制。

2. 行业事业单位会计核算应根据行业会计制度的要求选择会计确认基础。多数行业事业单位根据成本核算和绩效管理的需要，采用权责发生制。

三、事业单位会计的计量方法

会计计量用货币或其他量度单位计量各项经济业务及其结果的过程。其特征是以数量（主要是以货币单位表示的价值量）关系来确定物品或事项之间的内在联系，或将数额分配于具体事项。其关键，是计量属性的选择和计量单位的确定。

1. 会计计量属性的种类。

会计计量属性主要包括历史成本、重置成本、可变现净值、现值、公允价值。

（1）历史成本。在历史成本计量下，资产按照购置时支付的现金或现金等价物的金额，或者按照购置资产时所付出的对价的公允价值计量。负债按照承担现时义务时而实际收到的款项或资产的金额，或者承担现时义务的合同金额，或者按照日常活动中为偿还负债预期需要支付的金额计量。

（2）重置成本。在重置成本计量下，资产按照现在购买相同或者相似的资产所需支付的现金或现金等价物的金额计量。负债按照偿还该债务时所需支付的现金或现金等价物的金额计量。

（3）可变现净值。在可变现净值计量下，资产按照正常对外销售所能收到的现金或现金等价物的金额扣减该资产至完工时估计将要发生的成本、估计的销售费用以及相关税费的金额计量。

（4）现值。在现值计量下，资产按照预计从其持续使用和最终处置中所产生的未来净现金流量的折现值计量。负债按照预计期限内需要偿还的未来现金流量的折现值计量。

（5）公允价值。在公允价值计量下，资产按照在公平交易中熟悉情况的双方自愿进行交换的金额计量。负债按照在公平交易中熟悉情况的双方自愿进行债务清偿的金额计量。

2. 事业单位会计计量方法的选择。

事业单位会计以历史成本为主要计量方法，少量事项采用重置成本、可变现净值、现值及公允价值等其他计量方法。

《事业单位会计准则》规定，"事业单位的资产应当按照取得时的实际成本进行计量。除国家另有规定外，事业单位不得自行调整其账面价值。""事业单位的负债应当按照合同金额或实际发生额进行计量。"

《事业单位会计制度》对会计计量方法的选择作出了具体规定，"事业单位应当按照《事业单位财务规则》或相关财务制度的规定确定是否对固定资产计提折旧、对无形资产进行摊销。"

有关事业单位会计记录和财务会计报告等内容的阐述，将在以后的章节中介绍，这里不再赘述。

第四节　《事业单位会计制度》的主要变化

新修订的《新会计制度》篇幅长达近5万字，通过详细规定会计科目使用及财务报表编制，较为全面地规范了事业单位经济业务或者事项的确认、计量、记录和报告。《新会计制度》既继承了《旧会计制度》的合理内容，又体现了若干重大突破和创新，与旧会计制度相比较，主要有如下八大方面的变化。

一、配套新增了与财政管理改革相关的会计核算内容

如前所述，由于旧准则、旧制度出台在前，而各项财政改革所涉及的新问题、新规范出现在后，势必存在着旧准则、旧制度与新问题、新规范相脱节，甚至相抵牾的问题，因此，此次修订的新制度配套新增了与国库集中支付、政府收支分类、部门预算、国有资产管理等财政改革相关的会计核算内容，实现了会计规范与其他财政法规政策的有机衔接，有利于促进各项财政改革政策的贯彻落实。

二、创新引入了固定资产折旧和无形资产摊销

新制度要求事业单位按照事业单位财务规则或制度规定确定是否计提折旧，并规定了"虚提"折旧和摊销的创新性处理方法，即在计提折旧和摊销时冲减非流动资产基金，而非计入支出。这一处理兼顾了预算管理和财务管理双重需要，既不影响事业单位支出的预算口径，又有利于反映资产随着时间推移和使用程度发生的价值消耗情况，促进事业单位落实"实物管理与价值管理相结合"的资产管理理念和原则，为事业单位进行内部成本

核算提供会计数据支持。

三、明确规定了基建数据并入会计“大账”

原制度下，事业单位的基本建设投资执行《国有建设单位会计制度》，与基本建设相关的资产、负债及收支都只在基建账套中反映，基建账数据长期“游离”会计“大账”。新制度要求事业单位对于基建投资，在按照基建会计核算规定单独建账、单独核算的同时，将基建账相关数据定期并入单位会计“大账”。这一规定有助于提高事业单位会计信息的完整性，为事业单位全面加强资产负债管理、防范和降低财务风险发挥会计信息支撑作用。

四、着力加强了对财政投入资金的会计核算

新制度重新界定了财政补助收入的核算口径，要求在“事业支出”科目下单独对财政补助支出进行明细核算，增设了“财政补助结转”、“财政补助结余”两个净资产科目，对于财政补助收入、支出情况以及财政补助结转和结余的形成过程设计了清晰的账务处理流程，对于实施部门预决算管理、加强财政资金的科学化精细化管理将发挥更为重要的基础性作用。

五、进一步规范了非财政补助结转、结余及其分配的会计核算

新制度严格区分财政补助和非财政补助结转结余，通过设置“非财政补助结转”、“事业结余”、“经营结余”等科目，进一步将非财政补助资金区分结转和结余分别核算，并对非财政补助结余的形成及其分配情况设计了科学的账务处理流程。这些规定符合“财政拨款结转结余不参与预算单位的结余分配、不转入事业基金”、“专项资金专款专用”等部门预算管理规定，有助于进一步规范事业单位的支出和分配行为，促进事业单位健康、可持续发展。

六、突出强化了资产的计价和入账管理

新制度针对事业单位实务中普遍存在的对于接受捐赠、无偿调入资产计量口径不统一、相关资产不入账等问题，进一步明确了该种情况下资产的计量原则，要求在没有相关凭据、同类或类似资产的市场价格也无法可靠取得的情况下，将所取得的资产按照名义金额入账，并要求在会计报表附注中披露以名义金额计量的资产情况。这些规定有利于提高事业单位会计信息的可比性，有利于促进取得的资产及时入账，通过资产的账实核对手段加强国有资产管理，确保国有资产安全完整。

七、全面完善了会计科目体系和会计科目使用说明

新制度按照此次改革要求，对现行制度下的科目体系进行了全面梳理和改进，新增、取消了部分科目，对个别科目名称进行了修改，同时全面完善了各科目核算内容、明细科目设置、确认计量原则、所涉及经济业务或者事项的账务处理等内容，为事业单位会计实务操作提供了更为科学、全面的依据。

八、系统改进了财务报表体系

新制度增加了“财政补助收入支出表”，改进了各报表的项目、结构和排列方式，例如，借鉴会计国际惯例和通行做法，规定对资产负债表项目按照流动资产/非流动资产、流动负债/非流动负债分类列示，取消了资产负债表中原来的收入、支出项目；改进了收入支出表结构，既全面反映事业单位一定会计期间的收入、支出全貌，又分资金类别列示“财政补助结转结余”、“事业结转结余”和“经营结余”，同时可以反映事业单位年度非财补助结余的形成及分配情况。这些改进一方面使事业单位的财务报表体系与会计惯例更为协调，增强了科学性；另一方面，也兼顾了事业单位的实际情况，使事业单位的财务报表体系更为完整、更为有用，更好地满足财务管理、预算管理等多方面的信息需求。

综上所述，新制度的若干重大修订将促使事业单位的财务状况、事业成果、预算执行情况得到更为全面、真实、合理的反映，对于提高事业单位会计信息质量、加强财政对事业单位的科学化精细化管理、提升事业单位的财务管理水平、促进事业单位健康可持续发展具有十分重要的意义。

第五节 新旧《事业单位会计制度》的衔接

《新会计制度》自2013年1月1日起施行，为了确保新旧制度顺利过渡，财政部对事业单位执行新制度的有关衔接问题作出了相关规定，具体内容如下：

一、新旧制度衔接总要求

1. 自2013年1月1日起，事业单位应当严格按照新制度的规定进行会计核算和编报财务报表。

2. 事业单位应当按照本规定做好新旧制度的衔接。相关工作包括以下几个方面：

（1）根据原账编制2012年12月31日的科目余额表。

（2）按照新制度设立2013年1月1日的新账。

（3）将2012年12月31日原账科目余额按照本规定进行调整（包括新旧结转调整和基建并账调整），按调整后的科目余额编制科目余额表，作为新账各会计科目的期初余额。上述“原账中各会计科目”指原制度规定的会计科目，以及参照财政部印发的相关补充规定增设的会计科目。

新旧会计科目对照情况如表1-1所示。

表 1－1　新旧事业单位会计制度会计科目对照表

新事业单位会计制度会计科目			原事业单位会计制度会计科目及补充规定会计科目	
序号	编号	名称	编号	名称
一、资产类				
1	1001	库存现金	101	现金
2	1002	银行存款	102	银行存款
3	1011	零余额账户用款额度		零余额账户用款额度*
4	1101	短期投资	117	对外投资
5	1401	长期投资		
6	1201	财政应返还额度		财政应返还额度*
	120101	财政直接支付		财政直接支付
	120102	财政授权支付		财政授权支付
7	1211	应收票据	105	应收票据
8	1212	应收账款	106	应收账款
9	1213	预付账款	108	预付账款
10	1215	其他应收款	110	其他应收款
11	1301	存货	115	材料
			116	产成品
			509	成本费用
12	1501	固定资产	120	固定资产
13	1502	累计折旧		
14	1511	在建工程		
15	1601	无形资产	124	无形资产
16	1602	累计摊销		
17	1701	待处置资产损溢		

续表

新事业单位会计制度会计科目			原事业单位会计制度会计科目及补充规定会计科目	
序号	编号	名称	编号	名称
二、负债类				
18	2001	短期借款	201	借入款项
19	2401	长期借款		
20	2101	应缴税费	210	应交税金
21	2102	应缴国库款	208	应缴预算款
22	2103	应缴财政专户款	209	应缴财政专户款
23	2201	应付职工薪酬		应付工资（离退休费）*
				应付地方（部门）津贴补贴*
				应付其他个人收入*
24	2301	应付票据	202	应付票据
25	2302	应付账款	203	应付账款
26	2303	预收账款	204	预收账款
27	2305	其他应付款	207	其他应付款
28	2402	长期应付款		
三、净资产类				
29	3001	事业基金	301	事业基金——一般基金
30	3101 310101 310102 310103 310104	非流动资产基金 长期投资 固定资产 在建工程 无形资产	301 302	事业基金——投资基金 固定基金
31	3201	专用基金	303	专用基金
32	3301 330101 330102	财政补助结转 基本支出结转 项目支出结转		
33	3302	财政补助结余		

续表

新事业单位会计制度会计科目			原事业单位会计制度会计科目及补充规定会计科目	
序号	编号	名称	编号	名称
34	3401	非财政补贴结转	404	拨入专款
			502	拨出专款
			503	专款支出
35	3402	事业结余	306	事业结余
36	3403	经营结余	307	经营结余
37	3404	非财政补助结余分配	308	结余分配
四、收入类				
38	4001	财政补助收入	401	财政补助收入
39	4101	事业收入	405	事业收入
40	4201	上级补助收入	403	上级补助收入
41	4301	附属单位上缴收入	412	附属单位缴款
42	4401	经营收入	409	经营收入
43	4501	其他收入	413	其他收入
五、支出类				
44	5001	事业支出	501	拨出经费
			504	事业支出
			520	结转自筹基建
45	5101	上缴上级支出	516	上缴上级支出
46	5201	对附属单位补助支出	517	对附属单位补助
47	5301	经营支出	505	经营支出
			512	销售税金
48	5401	其他支出		

注：上表中标有“＊”号的会计科目为事业单位参照财政部印发的相关补充规定增设的会计科目。

（4）根据新账各会计科目期初余额，按照新制度编制2013年1月1日期初资产负债表。

3. 及时调整会计信息系统。事业单位应当对原有会计核算软件和会计信息系统进行及时更新和调试，正确实现数据转换，确保新旧账套的有序衔接。

二、将原账科目余额转入新账

（一）资产类

1. “现金”、“银行存款”、“零余额账户用款额度”、“财政应返还额度”、“应收票据”、“应收账款”、“预付账款”、“其他应收款”科目。

新制度设置了“库存现金”、“银行存款”、“零余额账户用款额度”、“财政应返还额度”、“应收票据”、“应收账款”、“预付账款”、“其他应收款”科目，其核算内容与原账中上述相应科目的核算内容基本相同。转账时，应将原账中上述科目的余额直接转入新账中相应科目。新账中相应科目设有明细科目的，应将原账中上述科目的余额加以分析，分别转入新账中相应科目的相关明细科目。

2. “材料”、“产成品”、“成本费用”科目。

新制度未设置“材料”、“产成品”、“成本费用”科目，但设置了“存货”科目，其核算范围包括原账中“材料”、“产成品”、“成本费用”科目的核算内容。转账时，应将原账中“材料”、“产成品”、“成本费用”科目的余额分析转入新账中“存货”科目的相关明细科目。

3. “对外投资”科目。

新制度将事业单位的对外投资划分为短期投资和长期投资，相应设置了“短期投资”、“长期投资”两个科目，两个科目的核算内容与原账中“对外投资”科目的核算内容基本相同。转账时，应对原账中“对外投资”科目的余额进行分析：将依法取得的、持有时间不超过1年（含1年）的对外投资余额转入新账中“短期投资”科目，将剩余余额转入新账中“长期投资”科目。

4. “固定资产”科目。

新制度设置了“固定资产”科目，由于固定资产价值标准提高，原账中作为固定资产核算的实物资产，将有一部分要按照新制度转为低值易耗品。转账时，应当根据重新确定的固定资产目录，对原账中“固定资产”科目的余额进行分析：

（1）对于达不到新制度中固定资产确认标准的，应当将相应余额转入新账中“存货”科目，将相应的“固定基金”科目余额转入新账中“事业基金”科目；对于已领用出库的，还应同时将其成本一次性摊销，同时做好相关实物资产的登记管理工作，在新账中，借记“事业基金”科目，贷记“存货”科目。

（2）对于符合新制度中固定资产确认标准的，应当将相应余额转入新账中“固定资产”科目。

5. “无形资产”科目。

新制度设置了“无形资产”科目，核算无形资产的原价。原账中“无形资产”科目余额反映的是尚未摊销的无形资产价值。转账时，将原账中“无形资产”科目的余额转入新账中的“无形资产”科目，同时将相应的“事业基金”科目余额转入新账中“非流动资产基金——无形资产”科目。

事业单位按新制度规定对无形资产进行摊销的，应当自2013年1月1日起设置和启用“累计摊销”科目，以“无形资产”科目2013年1月1日的期初余额为原价，按新制度规定进行摊销。

（二）负债类

1. “借入款项”科目。

新制度将事业单位的借入款项划分为短期借款和长期借款，相应设置了“短期借款”、“长期借款”两个科目，两个科目的核算内容与原账中“借入款项”科目的核算内容基本相同。转账时，应对原账中“借入款项”科目的余额进行分析：将期限在1年内（含1年）的各种借款余额转入新账中“短期借款”科目，将剩余余额转入新账中“长期借款”科目。

2.“应交税金”、“应缴预算款”、“应缴财政专户款”科目。

新制度设置了“应缴税费”、“应缴国库款”、“应缴财政专户款”科目，其核算内容与原账中“应交税金”、“应缴预算款”、“应缴财政专户款”科目的核算内容基本相同。转账时，应将原账中“应交税金”、“应缴预算款”、“应缴财政专户款”科目的余额分别直接转入新账中的“应缴税费”、“应缴国库款”、“应缴财政专户款”科目。

3.“应付工资（离退休费）”、“应付地方（部门）津贴补贴”、“应付其他个人收入”科目。

新制度未设置“应付工资（离退休费）”、“应付地方（部门）津贴补贴”、“应付其他个人收入”科目，但设置了“应付职工薪酬”科目，其核算内容涵盖了原账中上述三个科目的核算内容，并包括应付的社会保险费和住房公积金等。事业单位应在新账中该科目下按照国家有关规定设置明细科目。转账时，应将原账中“应付工资（离退休费）”、“应付地方（部门）津贴补贴”、“应付其他个人收入”科目的余额分别转入新账中“应付职工薪酬”科目的相关明细科目，并对原账中“其他应付款”科目的余额进行分析，将其中属于事业单位应付的社会保险费和住房公积金等的余额，转入新账中“应付职工薪酬”科目的相关明细科目。

4.“应付票据”、“应付账款”、“预收账款”科目。

新制度设置了“应付票据”、“预收账款”科目，其核算内容与原账中上述相应科目的核算内容基本相同。转账时，应将原账中上述科目的余额直接转入新账中相应科目。

新制度设置了“应付账款”科目，其核算内容与原账中上述相应科目的核算内容基本相同，但不包括偿还期在1年以上（不含1年）的应付账款，如跨年度分期付款购入固定资产的价款等。转账时，应当对“应付账款”科目进行分析，将偿还期在1年以上（不含1年）的应付账款的余额转入新账中的“长期应付款”科目；将剩余余额，转入新账中“应付账款”科目。

5. “其他应付款”科目。

新制度设置了“其他应付款”科目。该科目的核算范围比原账中“其他应付款”科目的核算范围小，不包括事业单位应付的社会保险费和住房公积金，以及偿还期限在1年以上（不含1年）的应付款项，如以融资租赁租入的固定资产租赁费等，相应内容转由新制度下“应付职工薪酬”、“长期应付款”科目核算。转账时，应将原账中“其他应付款”科目的余额进行分析：将其中属于应付的社会保险费和住房公积金的余额；转入新账中“应付职工薪酬”科目；将其中属于偿还期限在1年以上（不含1年）的应付款项的余额，转入新账中“长期应付款”科目；将剩余余额，转入新账中“其他应付款”科目。

（三）净资产类

1. “事业基金”科目。

新制度设置了“事业基金”科目，但不再在该科目下设置“一般基金”、“投资基金”明细科目，其核算范围也较原账中“事业基金”科目发生变化，不再包括财政补助结转和财政补助结余。转账时，应将原账中“事业基金”科目所属“投资基金”明细科目的余额分析转入新账中“非流动资产基金——长期投资”科目，并对所属“一般基金”明细科目的余额（扣除转入新账中“非流动资产基金——无形资产”科目数额后的余额）进行分析：对属于新制度下财政补助结转的余额转入新账中“财政补助结转”科目；对属于新制度下财政补助结余的余额转入新账中“财政补助结余”科目；将剩余余额，转入新账中“事业基金”科目。

2. “固定基金”科目。

新制度未设置“固定基金”科目，但设置了“非流动资产基金”科目，核算事业单位长期投资、固定资产、在建工程、无形资产等非流动资产占用的金额。转账时，应将原账中“固定基金”科目的余额（扣除转为存货的固定资产对应的固定基金数额后的余额）转入新账中“非流动资产基金——固定资产”科目。

3. “专用基金”科目。

新制度设置了“专用基金”科目，转账时，应将原账中“专用基金”科目的余额分析转入新账中“专用基金”科目的相关明细科目。

4. “经营结余”科目。

新制度设置了“经营结余”科目，其核算范围与原账中“经营结余”科目的核算范围基本相同。转账时，如果原账中“经营结余”科目有借方余额，应直接转入新账中“经营结余”科目。

5. “事业结余”、“结余分配”科目。

新制度设置了“事业结余”科目，其核算范围较原账中“事业结余”科目发生变化，不再包括财政补助结转和财政补助结余；新制度未设置“结余分配”科目，但设置了“非财政补助结余分配”科目，核算事业单位本年度非财政补助结余分配的情况和结果。因原账中“事业结余”、“结余分配”科目一般无余额，不需进行转账处理。“事业结余”、“非财政补助结余分配”科目自2013年1月1日起直接启用新账即可。

（四）收入支出类

1.“财政补助收入”、“事业收入”、“上级补助收入”、“附属单位缴款”、“经营收入”、“其他收入”、“拨出经费”、“事业支出”、“上缴上级支出”、“对附属单位补助”、“经营支出”、“销售税金”、“结转自筹基建”科目。

由于上述原账中收入支出类科目年末无余额，不需进行转账处理。自2013年1月1日起，应当按照新制度设置收入支出类科目并进行账务处理。

2.“拨入专款”、“拨出专款”、“专款支出”科目。

新制度未设置“拨入专款”、“拨出专款”、“专款支出”科目。转账时，应将原账中“拨入专款”科目的余额转入新账中“非财政补助结转”科目的贷方，将原账中“拨出专款”、“专款支出”科目的余额转入新账中“非财政补助结转”科目的借方。

三、按照新制度将基建账相关数据并入新账

事业单位应当按照新制度的要求，在按国家有关规定单独核算基本建设投资的同时，将基建账相关数据并入单位会计“大账”。新制度设置了“在建工程”科目，该科目为新设科目。事业单位应当在新账中“在建工程”科目下设置“基建工程”明细科目，核算由基建账并入的在建工程成本。

将2012年12月31日原基建账中相关科目余额并入新账时：按照基建账中“建筑安装工程投资”、“设备投资”、“待摊投资”、“预付工程款”等科目余额，借记新账中“在建工程——基建工程”科目；按照基建账中“交付使用资产”等科目余额，借记新账中“固定资产”等科目；按照基建账中“基建投资借款”科目余额，贷记新账中“长期借款”科目；按照基建账中“建筑安装工程投资”、“设备投资”、“待摊投资”、“预付工程款”、“交付使用资产”等科目余额，贷记新账中“非流动资产基金”科目的相关明细科目；按照基建账中“基建拨款”科目余额中归属于财政补助结转的部分，贷记新账中“财政补助结转”科目；按照基建账中其他科目余额，分析调整新账中相应科目；按照上述借贷方差额，贷记或借记新账中“事业基金”科目。

事业单位执行新制度后，应当至少按月根据基建账中相关科目的发生额，在“大账”中按照新制度对基建相关业务进行会计处理。

四、财务报表新旧衔接

（一）编制2013年1月1日期初资产负债表

事业单位应当根据新账各会计科目期初余额，按照新制度编制2013年1月1日期初资产负债表。

（二）事业单位2013年度财务报表的编制

事业单位应当按照新制度规定编制2013年的月度、年度财务报表。在编制2013年度收入支出表、财政补助收入支出表时，不要求填列上年比较数。

五、其他衔接事项

新制度设置了“累计折旧”科目，核算事业单位固定资产计提的累计折旧。事业单位应当按照《事业单位财务规则》或相关财务制度的规定确定是否对固定资产计提折旧。不对固定资产计提折旧的，不设置“累计折旧”科目。对固定资产计提折旧的，应当按照新制度的规定设置“累计折旧”科目，并进行如下处理：（1）对执行新制度前形成的固定资产（不包括新旧转账时转入“存货”的固定资产），应当在2013年度全面核查其原价、截至 2013 年 12 月 31 日的已使用年限、尚可使用年限等，并于 2013 年 12 月 31 日对这些固定资产补提折旧，按照应计提的折旧金额，借记“非流动资产基金——固定资产”科目，贷记“累计折旧”科目，自 2014 年 1 月 1 日起对这些固定资产按照新制度的规定按月计提折旧；（2）对执行新制度后形成的固定资产，应当按照新制度的规定按月计提折旧。

第二章 事业单位会计的基本核算方法

事业单位会计的基本核算方法，是对事业单位会计对象进行连续、系统、完整地核算和监督所采用的方法。具体包括设置会计科目与账户，确定记账方法，填制和审核会计凭证，登记会计账簿，编制会计报表等。

第一节 会计科目与账户

一、会计科目

会计科目是对事业单位会计要素按其经济内容或用途所做出的进一步分类。每个会计科目都要规定一定的名称、编号和核算内容。会计科目是设置账户、归集和核算各项经济业务的依据。科学地设置和正确地使用会计科目，是做好事业单位会计核算工作的重要条件。

事业单位会计的会计科目按其反映的经济内容或用途分为五类：资产类、负债类、净资产类、收入类、支出或费用类。

事业单位会计的会计科目按核算层次分为总账科目和明细账科目两大类。总账科目在会计要素下直接开设，反映相应会计要素中有关内容的总括信息；明细科目在总账科目下开设，反映总账科目的明细信息；总账科目是设置总账的依据，明细科目是设置明细账的依据。总账科目统驭明细科目。事业单位会计科目表参见表 2－1。

表 2－1　　事业单位会计科目名称和编号

序号	科目编号	科目名称
一、资产类		
1	1001	库存现金
2	1002	银行存款
3	1011	零余额账户用款额度
4	1101	短期投资
5	1201	财政应返还额度
	120101	财政直接支付
	120102	财政授权支付
6	1211	应收票据
7	1212	应收账款
8	1213	预付账款
9	1215	其他应收款
10	1301	存货
11	1401	长期投资
12	1501	固定资产
13	1502	累计折旧
14	1511	在建工程
15	1601	无形资产
16	1602	累计摊销
17	1701	待处置资产损溢
二、负债类		
18	2001	短期借款
19	2101	应缴税费

续表

序号	科目编号	科目名称
二、负债类		
20	2102	应缴国库款
21	2103	应缴财政专户款
22	2201	应付职工薪酬
23	2301	应付票据
24	2302	应付账款
25	2303	预收账款
26	2305	其他应付款
27	2401	长期借款
28	2402	长期应付款
三、净资产类		
29	3001	事业基金
30	3101 310101 310102 310103 310104	非流动资产基金 长期投资 固定资产 在建工程 无形资产
31	3201	专用基金
32	3301 330101 330102	财政补助结转 基本支出结转 项目支出结转
33	3302	财政补助结余
34	3401	非财政补助结转
35	3402	事业结余
36	3403	经营结余
37	3404	非财政补助结余分配

续表

序号	科目编号	科目名称
四、收入类		
38	4001	财政补助收入
39	4101	事业收入
40	4201	上级补助收入
41	4301	附属单位上缴收入
42	4401	经营收入
43	4501	其他收入
五、费用类		
44	5001	事业支出
45	5101	上缴上级支出
46	5201	对附属单位补助支出
47	5301	经营支出
48	5401	其他支出

二、会计账户

事业单位会计账户与事业单位会计科目是两个既具有内在联系又不完全相同的概念。两者的内在联系表现为事业单位会计科目是事业单位会计账户的名称。两者的区别表现为，会计账户既有名称，又有结构；事业单位会计科目只是一个名称，没有结构。

与事业单位会计科目相对应，事业单位会计账户可分为总分类账户和明细分类账户。总分类账户是根据总账科目开设的用以反映会计要素中总分类信息的账户；明细分类账户是根据明细科目开设的用以反映总分类账户中有关明细分类信息的账户。

第二节 记账方法

一、借贷记账法的含义

事业单位会计采用借贷记账法。所谓借贷记账法是以"借"、"贷"为记账符号，以"有借必有贷，借贷必相等"为记账规则，对每一笔经济业务，在相互联系的两个或两个以上账户中进行登记，用来反映会计主体资金运动的一种复式记账法。

二、借贷记账法下的账户结构

在借贷记账法下，通常把账户分成左右两方，分别反映经济业务的增加和减少。其中，左方为借方，右方为贷方，这便形成了借贷记账法下账户的基本结构。在账户的借、贷两方，究竟哪一方登记增加数，哪一方登记减少数，这要取决于账户的性质。现行账户分为五大类：资产类账户、支出（费用）类账户、负债类账户、净资产类账户、收入类账户。前两类可统称为"资产部类"账户，后三类可统称为"负债部类"账户。现分别介绍资产部类和负债部类两大类账户的具体结构。

（一）资产部类账户的基本结构

资产部类账户，增加记借方，减少或转销记贷方，余额在借方。用"T"字账户表示，资产部类账户结构如图 2－1 所示。

借方		资产部类账户	贷方
期初余额	×××	本期减少数（－）	×××
本期增加数（＋）	×××	本期转销数（－）	×××
本期发生额	×××	本期发生额	×××
期末余额	×××		

图 2－1 资产部类账户的结构

资产部类账户余额的关系式为：

期初借方余额 + 本期借方发生额 - 本期贷方发生额 = 期末余额

（二）负债部类账户的基本结构

负债部类账户，增加数记贷方，减少或结转数记借方，余额在贷方。用“T”字账户表示，负债部类账户结构如图 2－2 所示。

借方	负债部类账户		贷方
本期减少或结转数（－）	×××	期初余额	×××
		本期增加数（＋）	×××
本期发生额	×××	本期发生额	×××
		期末余额	×××

图 2－2　负债部类账户的结构

负债部类账户余额的关系式为：

期初贷方余额 + 本期贷方发生额 - 本期借方发生额 = 期末余额

借贷记账法下各类账户结构可概括如表 2－2 所示。

表 2－2　各类账户的基本结构

账户类型	账户借方	账户贷方	账户期末余额
资产账户	增加	减少	在借方
负债账户	减少	增加	在贷方
净资产账户	减少	增加	在贷方
收入账户	减少	增加	在贷方或无余额
支出或费用账户	增加	减少	在借方或无余额

第三节 会计凭证

会计凭证，是记录经济业务、明确经济责任的书面证明，是登记账簿的依据。会计凭证按其填制程序和用途，可分为原始凭证和记账凭证。

一、原始凭证

（一）原始凭证的概念与种类

原始凭证是经济业务发生时取得的书面证明，是证明会计事项发生的唯一合法凭证，是填制记账凭证、登记明细账的依据。

原始凭证是多种多样的，有的是由外单位填制的外来原始凭证，有的是本单位填制的自制原始凭证；从原始凭证的种类来看，其具体种类也不完全相同。

例如：

1. 各种行政到款和支付凭证、支出报销凭证，如购买物资材料的发票、差旅费报销单、领料单、出库单、工资结算单等，以及如财政授权支付额度到账通知书、财政直接支付入账通知书、财政授权支付额度恢复到账通知书、银行进账单、银行票据等。

2. 往来结算凭证，如借款单等。

3. 银行结算凭证，即开户银行转来的收、付款结算凭证，如向银行送存现金的送款单、现金支票、转账支票、汇票等。

4. 各种实物资产入库或出库的凭证，如购进材料时填制“入库单”、发出材料时填制“出库单”等。

5. 其他足以证明会计事项发生经过的凭证和文件等。

（二）原始凭证的填制要求

原始凭证作为经济业务发生的原始证明，其填制必须符合一定的要求。这些要求主要包括：

真实。原始凭证上填列的日期、业务内容和数字必须真实可靠，必须按经济业务发生的实际情况进行填制。

完整、正确、清楚。原始凭证上规定的项目必须逐项填写齐全，不能遗漏简略。数量、单价、金额等计算必须正确无误；文字说明和数字必须填写清楚，易于辨认。

经办人的签名盖章。原始凭证上必须有经济业务经办人员的签名或盖章，以便明确经济责任。

会计人员对各种原始凭证要认真审核。对于不真实、不合法的原始凭证，不予受理；对记载不准确、不完整的原始凭证予以退回，要求更正补充。经过审核无误的原始凭证，才能作为编制记账凭证的依据。

二、记账凭证

（一）记账凭证的概念与种类

记账凭证是由会计人员根据审核无误的原始凭证按照账务核算要求加以归类整理填制的，并作为编制会计分录、登记账簿依据的凭证。

事业单位的记账凭证按照经济业务所涉对象及其运动方向的不同，分为收款凭证、付款凭证和转账凭证三种。

（二）记账凭证填制和保管要求

1. 记账凭证应根据审核无误的原始凭证编制。记账凭证的各项内容必须填列，制证人或制单人必须签名或盖章。

2. 记账凭证一般根据每项经济业务的原始凭证编制。当天发生的同类会计事项可以适当归并后编制。不同会计事项的原始凭证，不得合并编制一张记账凭证，也不得把几天的会计事项加在一起做一张记账凭证。

3. 记账凭证必须附有原始凭证。如果一张原始凭证涉及几张记账凭证，可以把原始凭证附在主要的一张记账凭证后面，在其他记账凭证上注明附有原始凭证的记账凭证的编号。

4. 记账凭证必须清晰、工整，不得潦草。记账凭证由指定人员复核，并经会计主管人员签章后据以记账。

5. 记账凭证应按照会计事项发生的日期顺序整理、制证、记账。按照制证的顺序，每月从第一号起连续编号。

6. 记账凭证每月应按顺序号整理，连同所附的原始凭证加上封面，装订成册保管。

第四节 会计账簿

一、会计账簿的概念和种类

事业单位会计账簿，是由具有一定格式、相互联系的账页组成的，以会计凭证作为登记依据，用来序时地、分类地记录各项经济业务的会计账簿。事业单位会计账簿一般分为总账和明细账。

（一）总账

总账，是按总账科目开设账页的会计簿籍，是用以记录核算资产、负债、净资产、收入、支出、结余的总括情况，平衡账务，也是控制、核对各明细账，编制资产负债表的根据。总账一般采用三栏式账簿。

（二）明细账

明细账，是按明细科目设置账页的会计簿籍，是用以对总账科目进行明细核算的账簿。明细账的格式一般采用三栏式或多栏式。

（三）日记账

日记账，又称序时账，是按经济业务发生的先后顺序连续进行登记的账簿。它主要用来结算和控制各项货币资金。日记账分为现金日记账和银行存款日记账。日记账采用三栏式订本账，不能采用活页账。

二、会计账簿的使用要求

为了严密会计核算手段，明确记账人员的责任，提高会计核算的质量，应按照统一的要求使用账簿。

1. 会计账簿的使用，以每一会计年度为限。每一账簿启用时，应填写“经管人员一览表”和“账簿目录”，附于账簿扉页上。

2. 手工记账必须使用蓝、黑色墨水书写，不得使用铅笔、圆珠笔。红色墨水除登记收入负数使用外，只能在划线、改错、冲账时使用。账簿必须按照编定的页数连续记载，不得隔页、跳行。如因工作疏忽发生跳行或隔页，应当将空行、空页划线注销，并由记账人员签名盖章。登记账簿要及时准确，日清月结，文字和数字的书写，要清晰整洁。

3. 会计账簿应根据已经审核过的会计凭证登记。记账时，将记账凭证的编号记入账簿内；记账后，在记账凭证上用“√”符号注明，表示已登记入账。

4. 账簿记录如发生错误应按规定进行更正。

5. 各种账簿记录应按月结账，求出本期发生额和余额。

三、会计账簿的错误更正

账簿记录中可能发生各种各样的错误，如填制凭证或记账时发生的笔误，错用会计科目，过账错误或是合计错误等。由于发生错误的具体情况不同，发生错误的时间先后不同，更正错误的方法也不尽相同。更正错账的方法一般有划线更正法和红字更正法。

（一）划线更正法

在结账以前，如果发现账簿记录文字或数字计算错误，而记账凭证并无错误，应采用划线更正法更正。更正时，应先在错误的文字或数字正中横划一条红线，表示注销，但应使原有字迹仍可辨认，以备考查。然后将正确的文字或数字用蓝字写在划线上面，并由记账人员在更正处盖章，以明确责任。

（二）红字更正法

月份结账后，发现账簿登记串户，但记账凭证并无错误，可直接在原错记的账户中用红字冲去原记入的数字，再在应计的账户中补记相同的数字，并由记账人员在账上更正处签章证明。如果发现由于记账凭证错误而使账簿登记发生错误，则不论在月份结账前后，均应使用“红字更正法”。更正时，先用红字填制一张与原错误记账凭证内容完全相同的记账凭证，并据以用红字登记入账，冲销原错误记录。然后，再用蓝字填制一张正确的记账凭证，并据以用蓝字登记入账。

四、会计账务处理程序

账务处理程序，亦称会计核算形式，就是一定的账簿组织、记账程序和记账方法相互结合的方式。预算会计的账务处理程序通常如下：

1. 根据原始凭证编制记账凭证。

2. 根据有关现金出纳的原始凭证登记现金日记账，并编制库存现金日报表，据以编制记账凭证。

3. 根据记账凭证直接登记总账，或者根据记账凭证定期编制科目汇总表，并据以登记总账。

4. 根据记账凭证和科目汇总表登记总账。

5. 将现金日记账、明细账、总账有关账户相互核对，保证账款、账实、账账相符，再根据总账和明细账编制会计报表。

事业单位会计账务处理程序如图 2－3 所示。

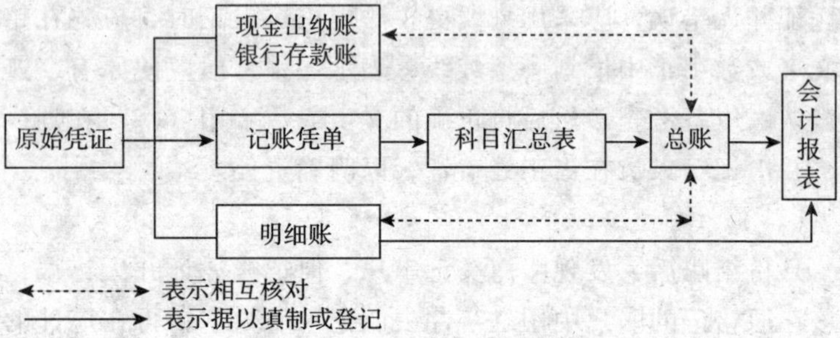

图 2-3　事业单位会计账务处理程序图

第五节　财务会计报告

财务会计报告是反映事业单位某一特定日期的财务状况和某一会计期间的事业成果、预算执行等会计信息的文件。事业单位的财务会计报告包括财务报表和其他应当在财务会计报告中披露的相关信息和资料。

财务报表是对事业单位财务状况、事业成果、预算执行情况等的结构性表述。财务报表由会计报表及其附注构成，其中会计报表至少应当包括：资产负债表、收入支出表或者收入费用表、财政补助收入支出表。

事业单位财务报表应当根据登记完整、核对无误的账簿记录和其他有关资料编制，做到数字真实、计算准确、内容完整、报送及时。

关于事业单位财务报告的具体内容详见第八章。

第三章 事业单位资产的核算

资产是指事业单位占有或者实用的能以货币计量的经济资源，包括各种财产、债权和其他权利。资产属于经济资源；为事业单位所占有或控制；能以货币计量。事业单位的资产按照流动性，可以分为流动资产和非流动资产。

（1）流动资产。流动资产是指预计在1年内（包括1年）变现或者耗用的资产。事业单位的流动资产包括货币资金、短期投资、应收及预付款项以及存货。其中货币资金包括库存现金、银行存款和零余额账户用款额度；应收及预付款项包括财政应返还额度、应收票据、应收账款、预付账款和其他应收款。

（2）非流动资产。非流动资产是指流动资产以外的资产。事业单位的非流动资产包括长期投资、在建工程、固定资产、无形资产等。

第一节 流动资产

事业单位的流动资产是指预计在1年内（含1年，下同）变现或者耗用的资产。事业单位的流动资产包括货币资金、短期投资、应付及预付款项、存货等。

一、流动资产相关科目内容比较

新、旧《事业单位会计制度》的流动资产相关科目内容比较见表3-1。

表3-1 新、旧事业单位会计制度流动资产相关科目比较

新《事业单位会计制度》		旧《事业单位会计制度》	
科目编号	名称	科目编号	名称
1001	库存现金	101	现金
1002	银行存款	102	银行存款
1011	零余额账户用款额度		零余额账户用款额度
1101	短期投资	117	对外投资
1201 120101 120102	财政应返还额度 财政直接支付 财政授权支付		财政应返还额度 财政直接支付 财政授权支付
1211	应收票据	105	应收票据
1212	应收账款	106	应收账款
1213	预付账款	108	预付账款
1215	其他应收款	110	其他应收款
1301	存货	115	材料
		116	产成品
		509	成本费用

新《事业单位会计制度》中属于流动资产的科目包括库存现金、银行存款、零余额账户用款额度、短期投资、财政应返还额度、应收票据、应收账款、预付账款、其他应收款、存货等10个科目。

新、旧《事业单位会计制度》在流动资产方面的变化主要有三个方面：

第一，新制度使用“库存现金”而不使用“现金”科目，但其核算内容与旧会计制度“现金”相比，基本没有变化。

第二，新制度将旧制度中的对外投资分为短期投资和长期投资，并在流动资产里设置了“短期投资”科目，用于核算依法取得的，持有时间不超过1年（含1年）的对外投资；同时，在非流动资产里设置“长期投资”科目，用于核算其他投资。“短期投资”、“长期投资”两个科目核算的内容与旧制度中“对外投资”科目核算的内容基本相同。

第三，新制度设置了“存货”科目，用于核算事业单位在开展业务活动及其他活动中为耗用而储存的各种材料、燃料、包装物、低值易耗品及达不到固定资产标准的用具、装具、动植物等的实际成本。其核算范围包括旧制度中“材料”、“产成品”、“成本费用”科目核算的内容。

此外，“零余额账户用款额度”与“财政应返还额度”是实行财政国库集中支付制度改革后增设的两个科目，产生于新、旧《事业单位会计制度》制定之间。

二、流动资产的会计处理

（一）库存现金

库存现金、银行存款和零余额账户用款额度等货币资金是流动性最强的资产。事业单位应当严格按照国家有关现金管理的规定收支现金，如实反映现金的收支和结存情况，保证现金的安全，提高现金的使用效果。

1. 库存现金核算使用的主要账户

为了总括反映事业单位现金的收支和结存情况，应设置“库存现金”账户。该账户属于资产类账户，其借方反映单位现金的增加，贷方反映现金的减少，月末借方余额，反映库存现金余额。

为了详细地反映和监督每笔现金的收付发生情况，及时掌握现金的库存余额，除进行总分类核算外，单位还应设置“现金日记账”，进行明细分类核算。由出纳人员根据收付款凭证，按照业务发生顺序逐日逐笔登记，并应日清月结，做到账款相符。对于现金收入业务较多、单独设有收款部门的事业单位，收款部门的收款员应当将每天所收现金（或向银行送存现金的凭证）连同收款凭据等一并交财务部门核收记账。

有外币现金的单位，应分别按照人民币、各种外币设置“现金日记账”进行明细核算。

2. 库存现金的核算

（1）库存现金收入的核算。

事业单位库存现金收入的内容主要有：从银行提取现金、收入转账起点以下的余额销售款、职工交回的差旅费剩余款等。单位收取库存现金时，借记“库存现金”科目，贷记有关科目。

【例3－1】 某事业单位3月份发生如下现金收入业务：

①从银行提取现金600元，作会计分录如下：

借：库存现金	600	
贷：银行存款		600

②销售产品收到货款100元，增值税款17元，作会计分录如下：

借：库存现金	117	
贷：经营收入		100
应缴税费——应缴增值税（销项税额）		17

③张鑫喆交回差旅费剩余款150元（原借500元，报销350元），作会计分录如下：

借：库存现金	150	
事业支出	350	
贷：其他应收款——张鑫喆		500

(2) 库存现金支出的核算。

事业单位按照现金开支范围的规定支付现金时，借记有关科目，贷记“库存现金”科目。

【例3-2】 某事业单位3月份发生如下现金支出业务：

①张鑫喆预借差旅费500元，作会计分录如下：

借：其他应收款——张鑫喆 500

　　贷：库存现金 500

②张鑫喆报销差旅费350元，作会计分录如下：

借：事业支出 350

　　贷：库存现金 350

③单位行政部门购买办公用品86元，作会计分录如下：

借：事业支出 86

　　贷：库存现金 86

(3) 库存现金清查的核算。

出纳人员每日账款核对中发现现金溢余或短缺的，应当及时进行处理。

①发现现金溢余，且属于应支付给有关人员或单位的部分，作如下账务处理：

借：库存现金

　　贷：其他应付款

②发现现金溢余，且属于无法查明原因的部分，作如下账务处理：

借：库存现金

　　贷：其他收入

③发现现金短缺，且属于应由责任人赔偿的部分，作如下账务处理：

借：其他应收款

贷：库存现金

④发现现金短缺，且属于无法查明原因的部分，作如下账务处理：

借：其他支出

贷：库存现金

（二）银行存款

银行存款是事业单位存入银行或其他金融机构账户上的货币，我国事业单位银行存款包括人民币存款和外币存款两种。

1. 银行存款核算使用的会计账户

为了总括反映事业单位银行存款的收支和结存情况，事业单位设置“银行存款”账户。该账户属于资产类账户，借方登记存款的增加数额，贷方登记存款的减少数额，期末余额在借方，反映事业单位实际存放在银行或其他金融机构的款项。“银行存款”总账与“库存现金”总账一样，应由不从事出纳工作的会计人员负责登记。

为了随时掌握银行存款的收支和结存情况，事业单位还应按开户银行或其他金融机构、存款种类及币种等，分别设置“银行存款日记账”，由出纳人员根据收付款凭证，按照业务的发生顺序逐笔登记，每日终了应结出余额。“银行存款日记账”应定期与“银行对账单”核对，至少每月核对一次。月度终了，银行存款账面余额与银行对账单余额之间如有差额，必须逐笔查明原因并进行处理，按月编制“银行存款余额调节表”，调节相符。

事业单位应当严格按照国家有关支付结算办法的规定办理银行存款收支业务，并按照新会计制度的规定核算银行存款的各项收支业务。

2. 银行存款的核算

（1）取得银行存款的核算。

事业单位将款项存入银行或其他金融机构，根据银行存款收款凭证及有关单据，借记“银行存款”科目，贷记“库存现金”、“事业收入”、“经营收入”等有关科目。

【例3-3】某事业单位发生如下银行存款收入业务：

①销售产品收到销货款1 000元，增值税170元，作会计分录如下：

借：银行存款 1 170

贷：经营收入 1 000

应缴税费——应缴增值税（销项税额） 170

②收回应收账款3 000元，款项存入银行，作会计分录如下：

借：银行存款 3 000

贷：应收账款 3 000

（2）提取和支出银行存款的核算。

事业单位提取和支出银行存款时，根据银行存款付款凭证及有关单据，借记有关科目，贷记“银行存款”科目。

【例3-4】某事业单位发生如下银行存款支出业务：

①通过银行转账拨付附属单位经费20 000元，作会计分录如下：

借：对附属单位补助支出 20 000

贷：银行存款 20 000

②支付购材料所欠货款1 170元，银行已付讫，作会计分录如下：

借：应付账款 1 170

贷：银行存款 1 170

③开出转账支票支付购买办公用品款2 000元，作会计分录如下：

借：事业支出　　2 000

　贷：银行存款　　2 000

3. 银行存款日记账的核对

银行存款日记账的核对主要包括三个环节：一是银行存款日记账与银行存款收款凭证、付款凭证要相互核对，做到账证相符；二是银行存款日记账与银行存款总账要相互核对，做到账账相符；三是银行存款日记账与银行开出的银行存款对账单要互相核对，以便准确地掌握单位可动用的银行存款实有数。将银行存款日记账的记录同银行的对账单进行核对时，如发现双方余额不一致，其原因有二：一是记账有错漏，二是未达账项。

在实际工作中，核对时，若发现未达账项，应编制“银行存款余额调节表”进行调节。银行存款余额调节表的编制方法主要是将银行对账单上的余额与单位银行存款账面余额都调整为正确的数额，以相互核对。调整的计算公式如下：

单位银行存款账面余额 + 银行已收单位未收事项 - 银行已付单位未付事项 = 银行对账单余额 + 单位已收银行未收事项 - 单位已付银行未付事项。

4. 外币存款的核算

有外币存款的事业单位，应在“银行存款”账户下分别按人民币和各种外币设置“银行存款日记账”进行核算。按照新会计制度规定，事业单位发生外币业务的，应当按照业务发生当日（或当期期初，下同）的即期汇率，将外币折算为人民币记账，并登记外币金额和汇率。期末，各种外币账户的外币余额应当按照期末的即期汇率折算为人民币，作为外币账户期末人民币余额。调整后的各种外币账户人民币余额与原账面人民币余额的差额，作为汇兑损益计入相关支出。

以外币购买物资、劳务等，按照购入当日的即期汇率将支付的外币或应支付的外币折算为人民币金额，借记有关科目，贷记本科目、“应付账款”等科目的外币账户。

以外币收取相关款项等，按照收取款项或收入确认当日的即期汇率将收取的外币或应收取的外币折算为人民币金额，借记本科目、“应收账款”等科目的外币账户，贷记有关科目。

期末，根据各外币账户按期末汇率调整后的人民币余额与原账面人民币余额的差额，作为汇兑损益，借记或贷记本科目、“应收账款”、“应付账款”等科目，贷记或借记“事业支出”、“经营支出”等科目。

【例 3-5】 某事业单位 4 月份支付 10 000 美元购买办公用品，汇率为 1∶6.26。12 月 31 日中国人民银行颁布的美元汇率为 1∶6.27。作如下会计分录：

(1) 购买办公用品时：

借：事业支出	62 600	
贷：银行存款		62 600

(2) 年末调整时：

借：银行存款	100	
贷：事业支出		100

【例 3-6】 某事业单位 12 月份收到留学生从国外汇入 $10 000，当日汇率为 1∶6.26。12 月 31 日中国人民银行颁布的美元汇率为 1∶6.25。作如下会计分录：

(1) 收到外汇收入时：

借：银行存款	62 600	
贷：事业收入		62 600

(2) 年末调整时：

借：事业支出	100	
贷：银行存款		100

（三）零余额账户用款额度

“零余额账户用款额度”和“财政应返还额度”是实行国库集中支付制度改革后，新增设的两个资产类账户。

1. “零余额账户用款额度”核算使用的主要账户

实行国库集中支付的事业单位应设置“零余额账户用款额度”账户，核算根据财政部门批复的用款计划收到和支用的零余额账户用款额度。该账户是一个资产类账户，借方登记用款计划所确定的用款额度；贷方登记用款额度使用数；本科目期末借方余额，反映事业单位尚未使用的零余额账户用款额度，本账户年末应无余额。

2. “零余额账户用款额度”的核算

（1）实行国库集中收付的事业单位收到财政补助收入的核算。

在财政授权支付方式下，收到代理银行盖章的“授权支付到账通知书”时，根据通知书所列数额，作如下会计分录：

借：零余额账户用款额度

　　贷：财政补助收入

（2）零余额账户用款额度支用的核算。

①事业单位按规定支用额度时，作如下会计分录：

借：事业支出、存货等

　　贷：零余额账户用款额度

②事业单位从零余额账户提取现金时，作如下会计分录：

借：库存现金

　　贷：零余额账户用款额度

③因购货退回等发生国库授权支付额度退回时，作如下会计分录：

属于以前年度支付的款项，按照退回金额：

借：零余额账户用款额度

贷：财政补助结转

或财政补助结余

或存货等

属于本年度支付的款项，按照退回金额：

借：零余额账户用款额度

贷：事业支出

或存货等

（3）零余额账户用款额度年末注销的处理。

①年度终了，依据代理银行提供的对账单作如下注销额度的会计分录：

借：财政应返还额度——财政授权支付

贷：零余额账户用款额度

②事业单位本年度财政授权支付预算指标数大于零余额账户用款额度下达数的，根据未下达的用款额度，作如下会计分录：

借：财政应返还额度——财政授权支付

贷：财政补助收入

（4）零余额账户用款额度次年恢复的处理。

①次年初，事业单位依据代理银行提供的额度恢复到账通知书作如下恢复额度的会计分录：

借：零余额账户用款额度

贷：财政应返还额度——财政授权支付

②事业单位收到财政部门批复的上年末未下达零余额账户用款额度时，作如下会计分录：

借：零余额账户用款额度

贷：财政应返还额度——财政授权支付

【例3－7】某事业单位20×3年发生如下业务：

（1）2月1日，收到代理银行盖章的“授权支付到账通知书”，通知收到同级财政部门拨款200 000元。作如下会计分录：

借：零余额账户用款额度　　200 000

　　贷：财政补助收入　　200 000

（2）3月4日购买甲材料300千克，价值100 000元；乙材料300千克，价值50 000元。以上款项通过零余额账户用款额度付讫，不考虑相关税费（下同）。作如下会计分录：

借：存货——甲材料　　100 000

　　　　——乙材料　　50 000

　　贷：零余额账户用款额度　　150 000

（3）3月5日从零余额账户用款额度中提取现金50 000元用于日常开支。作如下会计分录：

借：库存现金　　50 000

　　贷：零余额账户用款额度　　50 000

（4）5月6日发现3月购入的甲材料有一半有瑕疵，退回瑕疵材料，购入价为50 000元。作如下会计分录：

借：零余额账户用款额度　　50 000

　　贷：存货——甲材料　　50 000

（5）年末，该事业单位“零余额账户用款额度”（授权支付）借方余额为50 000元，现予以注销。作如下会计分录：

借：财政应返还额度——财政授权支付　　50 000

　　贷：零余额账户用款额度　　50 000

（6）次年初，依据代理银行提供的额度恢复到账通知书作如下恢复额度的账务处理：

借：零余额账户用款额度　　50 000

　　贷：财政应返还额度——财政授权支付　　50 000

（四）短期投资

为了便于会计信息使用者开展对事业单位财务状况、财务风险等的分析和评价，新准则和新制度将旧准则中的“对外投资”划分为“短期投资”和“长期投资”两个科目。

1. 短期投资核算使用的主要账户

根据新准则和新制度的要求，事业单位应设置“短期投资”账户，用于核算其依法取得的，持有时间不超过1年（含1年）的投资，主要是国债投资。本账户属于资产类账户，借方反映取得短期投资的实际成本，贷方反映出售或收回短期国债的成本。期末余额在借方，反映事业单位持有的短期投资成本。本账户应当按照国债投资的种类等进行明细核算。

事业单位应当严格遵守国家法律、行政法规以及财政部门、主管部门关于对外投资的有关规定。

2. 短期投资的核算

（1）取得短期投资的核算

短期投资在取得时，按照其实际成本（包括购买价款以及税金、手续费等相关税费）作为投资成本，作如下会计分录：

借：短期投资

　　贷：银行存款

（2）短期投资持有期收到利息的核算

短期投资持有期间收到利息时，按实际收到的金额，作如下会计分录：

借：银行存款

　　贷：其他收入——投资收益

（3）短期投资出售或到期收回的核算

事业单位转让短期投资或到期收回短期国债本息，作如下会计分录：

借：银行存款（实际收到金额）

　　贷：短期投资（出售或收回短期国债的成本）

其他收入——投资收益（如为投资损失，则在借方）

（五）财政应返还额度

“财政应返还额度”是实行国库集中支付制度改革后，事业单位会计制度中新增设的一个资产类账户。

1. 财政应返还额度核算使用的主要账户

实行国库集中支付的事业单位应设置“财政应返还额度”账户，核算本单位应收财政返还的资金额度。本账户应当设置“财政直接支付”、“财政授权支付”两个明细科目，进行明细核算。该账户是一个资产类账户，借方登记年终从零余额账户用款额度转入数；贷方登记次年转回的零余额账户用款额度数；期末余额在借方，反映事业单位应收财政返还的资金额度。

2. 财政应返还额度的核算

（1）财政直接支付方式下的核算。

年度终了，事业单位根据本年度财政直接支付预算指标数与当年财政直接支付实际支出数的差额，借记本科目（财政直接支付），贷记“财政补助收入”科目。

下年度恢复财政直接支付额度后，事业单位以财政直接支付方式发生实际支出时，借记有关科目，贷记本科目（财政直接支付）。

（2）财政授权支付方式下的核算。

年度终了，事业单位依据代理银行提供的对账单作注销额度的相关账务处理，借记本科目（财政授权支付），贷记“零余额账户用款额度”科目。事业单位本年度财政授权支付预算指标数大于零余额账户用款额度下达数的，根据未下达的用款额度，借记本科目（财政授权支付），贷记“财政补助收入”科目。

下年初，事业单位依据代理银行提供的额度恢复到账通知书作恢复额度的相关账务处理，借记“零余额账户用款额度”科目，贷记本科目（财政授权支付）。事业单位收到财政部门批复的上年末未下达零余额账户用款额度的，借记“零余额账户用款额度”科目，贷记本科目（财政授权支付）。

具体账务处理，可参见“零余额账户用款额度”科目。

（六）应收票据

1. 应收票据核算使用的主要账户

事业单位应设置“应收票据”账户，核算因开展经营活动销售产品、提供有偿服务等收到的商业汇票（包括银行承兑汇票和商业承兑汇票），并应按开出、承兑商业汇票的单位等进行明细核算。该账户是一个资产类账户，借方登记应收票据的金额，贷方登记到期收回的票面金额和已办贴现的应收票据的票面金额。期末余额在借方，反映事业单位持有的商业汇票票面金额。

事业单位还应设置“应收票据备查簿”，逐笔登记每一应收票据的种类、号数、出票日期、到期日、票面金额、交易合同号和付款人、承兑人、背书人姓名或单位名称、背书转让日、贴现日期、贴现率和贴现净额、收款日期、收回金额和退票情况等资料。应收票据到期结清票款或退票后，应当在备查簿内逐笔注销。

2. 应收票据的核算

（1）因销售产品、提供服务等收到商业汇票的核算。

因销售产品、提供服务等收到商业汇票，作如下会计分录：

借：应收票据（票面金额）

　　贷：经营收入

　　　　应缴税费——应缴增值税

（2）应收票据的贴现的核算。

将持有的未到期的商业汇票向银行贴现，作如下会计分录：

借：银行存款（实际收到金额）

经营支出等（贴现息）

贷：应收票据（票面金额）

（3）应收票据转让的核算。

将持有的商业汇票背书转让以取得所需物资，作如下会计分录：

借：存货等（取得物资成本）

贷：应收票据（票面金额）

银行存款（差额，可能在借方）

（4）应收票据到期收回的核算。

①收回应收票据，按照实际收到的商业汇票票面金额，作如下会计分录：

借：银行存款

贷：应收票据

②因付款人无力支付票款，收到银行退回的商业承兑汇票、委托收款凭证、未付票款通知书或拒付款证明等，按照商业汇票的票面金额，作如下会计分录：

借：应收账款

贷：应收票据

（七）应收账款

1. 应收账款核算使用的主要账户

事业单位设置“应收账款”账户，核算本单位因开展经营活动销售产品、提供有偿服务等而应收取的款项。本账户应当按照购货、接受劳务单位（或个人）进行明细核算。该账户是一个资产类账户，借方登记事业单位应收的款项，贷方登记已收回的款项。期末余额在借方，反映事业单位尚未收回的各种应收账款。

2. 应收账款的核算

(1) 发生应收账款的核算。因销售产品、提供服务等发生应收账款，作如下会计分录：

借：应收账款

　　贷：经营收入等

　　　　应缴税费——应缴增值税

(2) 收回应收账款的核算。应收账款收回，作如下会计分录：

借：银行存款

　　贷：应收账款

(3) 应收账款核销的核算。逾期三年或以上、有确凿证据表明确实无法收回的应收账款，按规定报经批准后予以核销。核销的应收账款应在备查簿中保留登记。具体作如下会计分录：

①转入待处置资产时：

借：待处置资产损溢

　　贷：应收账款

②报经批准予以核销时：

借：其他支出

　　贷：待处置资产损溢

③已核销应收账款在以后期间收回时，按照实际收回的金额：

借：银行存款

　　贷：其他收入

(八) 预付账款

1. 预付账款核算使用的主要账户

事业单位设置“预付账款”账户，用于核算按照购货、劳务合同规定预付给供应单位的款项。同时，应按照供应单位（或个人）进行明细核算，并通过明细核算或辅助登记方式，登记预付账款的资金性质（区分财政补助资金、非财政专项资金和其他资金）。该账户是一个资产类账户，借方登记本单位向供货单位和个人（或提供劳务的单位和个人）预付的货款；贷方登记本单位收到所购物品（或接受劳务）时应结转的预付款项；本账户期末借方余额，反映事业单位实际预付但尚未结算的款项。

2. 预付账款的核算

（1）发生预付账款的核算

事业单位按照购货、劳务合同规定预付货款时，按照实际预付的金额，作如下会计分录：

借：预付账款

贷：零余额账户用款额度 或 财政补助收入 或 银行存款等

（2）收到所购物资或劳务，按照购入物资或劳务的成本，作如下会计分录：

借：存货 或 事业支出等

贷：预付账款

零余额账户用款额度 或 财政补助收入 或 银行存款等（补付款项）

（3）收到固定资产、无形资产时，按照确定的资产成本，作如下会计分录：

借：固定资产或无形资产

贷：非流动资产基金——固定资产 或 无形资产

同时：

借：事业支出 或 经营支出等

贷：预付账款

零余额账户用款额度 或 财政补助收入 或 银行存款

等（补付款项）

（4）预付账款核销的核算。逾期三年或以上、有确凿证据表明因供货单位破产、撤销等原因已无望再收到所购物资，且确实无法收回的预付账款，按规定报经批准后予以核销。核销的预付账款应在备查簿中保留登记。具体作如下会计分录：

①转入待处置资产时：

借：待处置资产损溢

　　贷：预付账款

②报经批准予以核销时：

借：其他支出

　　贷：待处置资产损溢

③已核销预付账款在以后期间收回的，按照实际收回的金额：

借：银行存款

　　贷：其他收入

（九）其他应收款

其他应收款是指事业单位除财政应返还额度、应收票据、应收账款、预付账款以外的其他各项应收及暂付款项。

1. 其他应收款核算使用的主要账户。

事业单位设置“其他应收款”账户，核算事业单位除财政应返还额度、应收票据、应收账款、预付账款以外的其他各项应收及暂付款项。包括：职工预借的差旅费、拨付给内部有关部门的备用金、应向职工收取的各种垫付款项等。本账户应当按照其他应收款的按类别以及债务单位（或个人）进行明细核算。该账户是一个资产类账户，借方登记发生的各种应收款；贷方登记单位收回的款项和结转情况；期末余额在借方，反映事业单位尚未收回的其他应收款。

2. 其他应收款的核算。

（1）发生其他应收款的核算。事业单位发生其他各种应收及暂付款项时，作如下会计分录：

借：其他应收款

　　贷：银行存款 或 库存现金等

（2）收回或转销其他各种应收及暂付款项时，作如下会计分录：

借：银行存款 或 库存现金等

　　贷：其他应收款

（3）事业单位内部实行备用金制度的，有关部门使用备用金以后应当及时到财务部门报销并补足备用金。作如下会计分录：

①财务部门核定并发放备用金时：

借：其他应收款

　　贷：库存现金等

②根据报销数用现金补足备用金定额时：

借：事业支出等

　　贷：库存现金等

报销数和拨补数都不再通过本科目核算。

（4）其他应收款核销的核算。逾期三年或以上、有确凿证据表明确实无法收回的其他应收款，按规定报经批准后予以核销。核销的其他应收款应在备查簿中保留登记。具体作如下会计分录：

①转入待处置资产时，按照待核销的其他应收款金额：

借：待处置资产损溢

　　贷：其他应收款

②报经批准予以核销时：

借：其他支出

　　贷：待处置资产损溢

③已核销其他应收款在以后期间收回的，按照实际收回的金额：

借：银行存款等

贷：其他收入

（十）存货

存货是新制度增设的一个资产类科目，其核算范围包括旧制度中“材料”、“产成品”、“成本费用”科目核算的内容。

1. 存货核算使用的主要账户。

事业单位设置“存货”账户，用于核算事业单位在开展业务活动及其他活动中为耗用而储存的各种材料、燃料、包装物、低值易耗品及达不到固定资产标准的用具、装具、动植物等的实际成本。该账户借方登记验收入库的存货的实际成本；贷方登记发出、领用、对外销售、盘亏、毁损等各种原因而减少的存货成本；期末余额在借方，反映事业单位存货的实际成本。

事业单位还应当按照存货的种类、规格、保管地点等进行明细核算，并应当通过明细核算或辅助登记的方式，登记取得存货成本的资金来源（区分财政补助资金、非财政专项资金和其他资金）。

发生自行加工存货业务的事业单位，应当在本账户下设置“生产成本”明细账户，归集核算自行加工存货所发生的实际成本（包括耗用的直接材料费用、发生的直接人工费用和分配的间接费用）。

事业单位随买随用的零星办公用品，可以在购进时直接列作支出，不通过本账户核算。

2. 存货的核算。

（1）取得存货的账务处理。

存货在取得时，应当按照其实际成本入账。

①外购存货的账务处理。

事业单位购入的存货验收入库，按确定的成本，借记本科目，贷记“银行存款”、“应付账款”、“财政补助收入”、“零余额账户用款额度”等科目。存货的成本包括购买价款、相关税费、运输费、装卸费、保险费以及其他使得存货达到目前场所和状态所发生的其他支出。

事业单位按照税法规定属于增值税一般纳税人的，其购进非自用（如用于生产对外销售的产品）材料所支付的增值税款不计入材料成本。

属于增值税一般纳税人的事业单位购入非自用材料的，按确定的成本（不含增值税进项税额），借记本科目，按增值税专用发票上注明增值税额，借记“应缴税费——应缴增值税（进项税额）”科目，按实际支付或应付的金额，贷记“银行存款”、“应付账款”等科目。

【例3-8】某事业单位（小规模纳税人）购入自用甲材料1 000千克，单价10元，增值税款为1 700元，价税合计11 700元，由银行付讫，材料已验收入库。作如下会计分录：

借：存货——甲材料	11 700	
贷：银行存款		11 700

【例3-9】某事业单位（一般纳税人）购入非自用丙材料500千克，单价100元，增值税为8 500元，款项已通过银行付讫，材料已验收入库。作如下会计分录：

借：存货——丙材料	50 000	
应缴税费——应缴增值税（进项税额）	8 500	
贷：银行存款		58 500

②自行加工存货的账务处理

事业单位自行加工存货验收入库后，按照所发生的实际成本，借记本科目（相关明细科目），贷记本科目（生产成本）。自行加工的存货，其成本包括耗用的直接材料费用、发生的直接人工费用和按照一定方法分配的与存货加工有关的间接费用。

自行加工的存货在加工过程中发生各种费用时，借记本科目（生产成本），贷记本科目（领用材料相关的明细科目）、“应付职工薪酬”、“银行存款”等科目。

【例 3－10】 某事业单位为生产甲产品，领用 A 材料，成本为 1 000 元；领用 B 材料，成本为 500 元；支付工人工资 3 000 元。作如下会计分录：

借：存货——生产成本　　4 500

　　贷：存货——A 材料　　1 000

　　　　　　——B 材料　　500

　　　　应付职工薪酬　　3 000

甲产品完工后，验收入库。

借：存货——甲产品　　4 500

　　贷：存货——生产成本　　4 500

③接受捐赠、无偿调入的存货的账务处理

接受捐赠、无偿调入的存货验收入库，按照确定的成本，借记本科目，按照发生的相关税费、运输费等，贷记“银行存款”等科目，按照其差额，贷记“其他收入”科目。

接受捐赠、无偿调入的存货，其成本按照有关凭据注明的金额加上相关税费、运输费等确定；没有相关凭据的，其成本比照同类或类似存货的市场价格加上相关税费、运输费等确定；没有相关凭据、同类或类似存货的市场价格也无法可靠取得的，该存货按照名义价格（即人民币 1 元，下同）入账。相关财务制度仅要求进行实物管理的除外。

按照名义金额入账的情况下，按照名义金额，借记本科目，贷记“其他收入”科目；按照发生的相关税费、运输费等，借记“其他支出”科目，贷记“银行存款”等科目。

【例3-11】 某事业单位接受捐赠材料一批，价值1 000元；另用银行存款支付运费100元。办公桌已验收入库。作如下会计分录：

借：存货　　1 100
　　贷：其他收入　　1 000
　　　　银行存款　　100

（2）发出存货的账务处理。

存货在发出时，应当根据实际情况采用先进先出法、加权平均法或者个别计价法确定发出存货的实际成本。计价方法一经确定，不得随意变更。低值易耗品的成本于领用时一次摊销。

①开展业务活动等领用、发出存货，按领用、发出存货的实际成本，借记“事业支出”、“经营支出”等科目，贷记本科目。

【例3-12】 事业单位将甲产品出售，结转实际成本4 500元。作如下会计分录：

借：经营支出　　4 500
　　贷：存货——甲产品　　4 500

②对外捐赠、无偿调出存货，转入待处置资产时，按照存货的账面余额，借记“待处置资产损溢”科目，贷记本科目。

属于增值税一般纳税人的事业单位对外捐赠、无偿调出购进的非自用材料，转入待处置资产时，按照存货的账面余额与相关增值税进项税额转出金额的合计金额，借记“待处置资产损溢”科目，按存货的账面余额，贷记本科目，按转出的增值税进项税额，贷记“应缴税费——应缴增值税（进项税额转出）”科目。

实际捐出、调出存货时，按照“待处置资产损溢”科目的相应余额，借记“其他支出”科目，贷记“待处置资产损溢”

科目。

【例 3-13】（1）某事业单位（增值税一般纳税人）4 月 1 日计划向希望小学捐赠一批外购非自用材料，购入价 10 000 元（不含增值税，增值税进项税额 1 700 元）。作如下会计分录：

借：待处置资产损溢　　　　11 700

　　贷：存货　　　　　　　　10 000

　　　　应缴税费——应缴增值税（进项税额转出）

　　　　　　　　　　　　　　1 700

（2）4 月 5 日，将非自用材料交付给希望小学。

借：其他支出　　　　　　11 700

　　贷：待处置资产损溢　　　11 700

（3）存货清查的核算。

事业单位的存货应当定期进行清查盘点，每年至少盘点一次。对于发生的存货盘盈、盘亏或者报废、毁损，应当及时查明原因，按规定报经批准后进行账务处理。

①盘盈的存货，按照同类或类似存货的实际成本或市场价格确定入账价值，作如下会计分录：

借：存货

　　贷：其他收入

同类或类似存货的实际成本、市场价格均无法可靠取得的，按照名义金额入账。

②盘亏或者毁损、报废的存货，转入待处置资产时，按照待处置存货的账面余额，借记“待处置资产损溢”科目，贷记本科目。报经批准予以处置时，按照上述金额，借记“其他支出”科目，贷记“待处置资产损溢”科目。处置存货过程中所取得的收入、发生的费用，以及处置收入扣除相关处置费用后的净收入的账务处理，参见“待处置资产损溢”科目。

属于增值税一般纳税人的事业单位购进的非自用材料发生盘亏或者毁损、报废的，转入待处置资产时，按照存货的账面余额与相关增值税进项税额转出金额的合计金额，借记“待处置资产损溢”科目，按存货的账面余额，贷记本科目，按转出的增值税进项税额，贷记“应缴税费——应缴增值税（进项税额转出）”科目。

【例 3-14】 某事业单位（增值税一般纳税人）年终盘点时，发现非自用甲材料盘亏 200 千克，单价 5 元，共计 1 000 元。作如下会计分录：

借：待处置资产损溢　　1 170
　　贷：存货　　1 000
　　　　应缴税费——应缴增值税（进项税额转出）　　170

报经批准予以处置后：

借：其他支出　　1 170
　　贷：待处置资产损溢　　1 170

第二节　非流动资产

《事业单位会计准则》指出，非流动资产是指流动资产以外的资产。事业单位的非流动资产包括长期投资、在建工程、固定资产、无形资产等。

一、非流动资产相关科目内容比较

新、旧《事业单位会计制度》的非流动资产相关科目内容比较见表 3-2。

表 3-2　新、旧事业单位会计制度非流动资产相关科目比较

新《事业单位会计制度》		旧《事业单位会计制度》	
科目编号	名称	科目编号	名称
1401	长期投资	117	对外投资
1501	固定资产	120	固定资产
1502	累计折旧		
1511	在建工程		
1601	无形资产	124	无形资产
1602	累计摊销		
1701	待处置资产损溢		

新、旧《事业单位会计制度》在非流动资产方面的变化较大，主要体现在以下几个方面：

第一，增设“长期投资”科目。新制度将旧制度中的对外投资分为短期投资和长期投资，并在非流动资产里设置“长期投资”科目，用于核算事业单位依法取得的，持有时间超过1年（不含1年）的股权和债券性质的投资；同时，在流动资产里设置了“短期投资”科目，用于核算事业单位依法取得的，持有时间不超过1年（含1年）的投资，主要是国债投资。“短期投资”、“长期投资”两个科目核算的内容与旧制度中“对外投资”科目核算的内容基本相同。

第二，提高固定资产认定标准，增设“累计折旧”科目。新制度对固定资产的确认标准（具体标准参见“固定资产”科目）提高，根据旧制度认定的固定资产，将有一部分按新制度的要求转为低值易耗品。此外，新制度规定要对符合规定的固定资产计提折旧，并设置“累计折旧”科目核算事业单位固定资产计提的累计折旧。

第三，增设“累计摊销”科目。与要求对固定资产计提折旧类似，新制度规定要对无形资产进行摊销，并设置“累计摊销”科目，核算事业单位无形资产计提的累计摊销。

第四，增设“在建工程”和“待处置资产损溢”科目。这两个科目是新制度应会计发展的要求和会计信息使用者的需要首次设置的，克服和改变了旧制度中的一些缺陷和滞后性。

二、非流动资产的会计处理

（一）长期投资

1. 长期投资核算使用的主要账户

根据新准则和新制度的要求，事业单位应设置“长期投资”账户，用于核算依法取得的，持有时间超过1年（不含1年）的股权和债券性质的投资，并按照长期投资的种类和被投资单位等进行明细核算。本账户属于资产类账户，借方反映取得股权或债券的实际成本，贷方反映出售或收回短期国债的成本。期末余额在借方，反映事业单位持有的长期投资成本。

事业单位应严格遵守国家法律、行政法规以及财政部门、主管部门有关事业单位对外投资的规定。

2. 长期投资的核算

（1）长期股权投资。

①取得长期股权投资的核算。

a. 以货币资金取得的长期股权投资，按照实际支付的全部价款（包括购买价款以及税金、手续费等相关税费）作为投资成本，会计分录如下：

借：长期投资

　　贷：银行存款

同时：

借：事业基金

贷：非流动资产基金——长期投资

b. 以固定资产取得的长期股权投资，按照评估价值加上相关税费作为投资成本，借记本科目，贷记“非流动资产基金——长期投资”科目，按发生的相关税费，借记“其他支出”科目，贷记“银行存款”、“应缴税费”等科目；同时，按照投出固定资产对应的非流动资产基金，借记“非流动资产基金——固定资产”科目，按照投出固定资产已计提折旧，借记“累计折旧”科目，按投出固定资产的账面金额，贷记“固定资产”科目。

【例 3-15】 某事业单位向 B 公司投入一项 1 年前购入的固定资产，账面原值 10 000 元，计划使用年限为 10 年，按年限平均法计提折旧，双方协议作价 9 000 元。不考虑相关税费，其会计分录为：

借：长期投资——B 公司　　9 000

　　贷：非流动资产基金——长期投资　　9 000

同时：

借：非流动资产基金——固定资产　　9 000

　　累计折旧　　1 000

　　贷：固定资产　　10 000

c. 以已入账无形资产取得的长期股权投资，按照评估价值加上相关税费作为投资成本，借记本科目，贷记“非流动资产基金——长期投资”科目，按发生的相关税费，借记“其他支出”科目，贷记“银行存款”、“应缴税费”等科目；同时，按照投出无形资产对应的非流动资产基金，借记“非流动资产基金——无形资产”科目，按照投出无形资产已计提摊销，借记“累计摊销”科目，按投出无形资产的账面金额，贷记“无形资产”科目。

以未入账无形资产取得的长期股权投资，按照评估价值加上相关税费作为投资成本，借记本科目，贷记“非流动资产基金——长期投资”科目，按发生的相关税费，借记“其他支出”科目，贷记“银行存款”、“应缴税费”等科目。

【例3-16】某事业单位以土地使用权对M公司进行投资。该土地使用权的账面原值为30 000元，使用年限为50年，已使用10年，经双方协议场地使用权作价40 000元。不考虑相关税费，办理法律手续并将场地交给M公司时，其会计分录为：

借：长期投资——M公司　　40 000

　　贷：非流动资产基金——长期投资　　40 000

同时：

借：非流动资产基金——无形资产　　24 000

　　累计摊销　　6 000

　　贷：无形资产　　30 000

②持有长期股权投资的核算。

长期股权投资持有期间，收到利润等投资收益时，按照实际收到的金额，作如下会计处理：

借：银行存款等

　　贷：其他收入——投资收益

③转让长期股权投资的核算。

报经批准转让长期股权投资，转入待处置资产时，按照待转让长期股权投资的账面余额，借记“待处置资产损溢——处置资产价值”科目，贷记本科目。实现转让时，按照所转让长期股权投资对应的非流动资产基金，借记“非流动资产基金——长期投资”科目，贷记“待处置资产损溢——处置资产价值”科目。

转让长期股权投资过程中取得的价款、发生的相关税费，以及转让价款扣除相关税费后的净收入的账务处理，参见“待处置资产损溢”科目。

【例3－17】某事业单位5月1日拟将对M公司的长期股权投资转让给A公司，该长期股权投资账面价值为40 000元。5月10日办理完法律手续并将该长期股权投资转让给A公司，不考虑相关税费，其会计分录为：

5月1日：

借：待处置资产损溢——处置资产价值　　40 000

　　贷：长期投资　　40 000

5月10日

借：非流动资产基金——长期投资　　40 000

　　贷：待处置资产损溢——处置资产价值　　40 000

④长期股权投资核销的核算。

因被投资单位破产清算等原因，有确凿证据表明长期股权投资发生损失，按规定报经批准后予以核销。账务处理如下：

a. 转入待处置资产时，按照待核销的长期股权投资账面余额

借：待处置资产损溢

　　贷：长期投资

b. 报经批准予以核销时，

借：非流动资产基金——长期投资

　　贷：待处置资产损溢

（2）长期债券投资的相关账务处理。

①取得长期债券投资的核算。

长期债券投资在取得时，按照其实际成本作为投资成本。以货币资金购入的长期债券投资，按照实际支付的全部价款（包括购买价款以及税金、手续费等相关税费）作为投资成本，借记本科目，贷记“银行存款”等科目；同时，按照投资成本金额，借记“事业基金”科目，贷记“非流动资产基金——长期投资”

科目。

②长期债券投资持有期获取利息的核算。

长期债券投资持有期间收到利息时，按照实际收到的金额，借记“银行存款”等科目，贷记“其他收入——投资收益”科目。

③对外转让或到期收回长期债券投资。

对外转让或到期收回长期债券投资本息，按照实际收到的金额，借记“银行存款”等科目，按照收回长期投资的成本，贷记本科目，按照其差额，贷记或借记“其他收入——投资收益”科目；同时，按照收回长期投资对应的非流动资产基金，借记“非流动资产基金——长期投资”科目，贷记“事业基金”科目。

【例3-18】 某事业单位20×3年1月1日支出30 000元购入E公司发行的3年期公司债券，年利率为2%，每年付息一次。价款已通过银行付讫。作如下会计分录：

借：长期投资　　30 000
　　贷：银行存款　　30 000

同时：

借：事业基金　　30 000
　　贷：非流动资产基金——长期投资　　30 000

20×3年12月31日，20×4年12月31日收到利息时：

借：银行存款　　600
　　贷：其他收入——投资收益　　600

20×5年12月31日，事业单位收回长期债券投资本息。

借：银行存款　　30 600
　　贷：长期投资　　30 000
　　　　其他收入——投资收益　　600

同时：

借：非流动资产基金——长期投资 30 000

贷：事业基金 30 000

（二）固定资产

固定资产是指事业单位持有的使用期限在1年以上（不含1年）、单位价值在规定标准（单位价值在1 000元以上，其中专用设备单位价值在1 500元以上）以上，并在使用过程中基本保持原有物质形态的资产。单位价值虽未达到规定标准，但使用期限超过1年（不含1年）的大批同类物资，作为固定资产核算和管理。事业单位的固定资产一般分为六类：房屋及构建物；专用设备；通用设备；文物和陈列品；图书、档案；家具、用具、装具及动植物。

对于应用软件，如果其构成相关硬件不可缺少的组成部分，应当将该软件价值包括在所属硬件价值中，一并作为固定资产进行核算；如果其不构成相关硬件不可缺少的组成部分，应当将该软件作为无形资产核算。

事业单位以经营租赁租入的固定资产，不作为固定资产核算，应当另设备查簿进行登记。

购入需要安装的固定资产，应当先通过“在建工程”科目核算，安装完毕交付使用时再转入本科目核算。

1. 固定资产核算使用的账户

固定资产核算使用的主要账户是“固定资产”账户。“固定资产”账户核算固定资产的原价。其借方登记增加的固定资产原价；贷方登记减少的固定资产原价；期末余额在借方，反映事业单位现有固定资产的原价。

事业单位应当根据固定资产定义，结合本单位的具体情况，制定适合于本单位的固定资产目录、具体分类方法，作为进行固定资产核算的依据。事业单位应设置“固定资产登记簿”和“固定资产卡片”，按照固定资产类别、项目和使用部门等进行明细核算。出租、出借的固定资产，应当设置备查簿进行登记。

2. 固定资产的核算

固定资产的核算主要包括四方面的内容，即固定资产的取得、固定资产持有期间的折旧、固定资产的维护和改建、固定资产的处置以及固定资产的清查。

(1) 取得固定资产的核算。

①外购固定资产的核算。

外购固定资产的成本包括：实际支付的购买价款、相关税费、使固定资产达到交付使用状态前所发生的可归属于该项资产的运输费、装卸费、安装费和专业人员服务费等。

以一笔款项购入多项没有单独标价的固定资产，按照各项固定资产同类或类似资产市场价格的比例对总成本进行分配，分别确定各项固定资产的入账成本。

a. 购入不需安装的固定资产，按照确定的固定资产成本，作如下账务处理：

借：固定资产

　　贷：非流动资产基金——固定资产

同时，按实际支付金额：

借：事业支出 或 经营支出 或 专用基金——修购基金等

　　贷：财政补助收入 或 零余额账户用款额度 或 银行存款等

b. 购入需要安装的固定资产，先通过“在建工程”科目核算（有关账务处理参见“在建工程”科目）。安装完工交付使用时再转入本科目。

借：固定资产

贷：非流动资产基金——固定资产

同时，

借：非流动资产基金——在建工程

贷：在建工程

c. 购入固定资产扣留质量保证金的，在取得固定资产时，按照确定的固定资产成本，借记本科目（不需安装）或“在建工程”科目（需安装），贷记“非流动资产基金——固定资产、在建工程”科目。同时取得固定资产全款发票的，应当同时按照构成资产成本的全部支出金额，借记“事业支出”、“经营支出”“专用基金——修购基金”等科目，按照实际支付的金额，贷记“财政补助收入”、“零余额账户用款额度”、“银行存款”等科目，按照扣留的质量保证金，贷记“其他应付款”[扣留期在1年以内（含1年）]或“长期应付款”（扣留期超过1年）科目；取得的发票不包括质量保证金的，应当同时按照不包括质量保证金的支出金额，借记“事业支出”、“经营支出”、“专用基金——修购基金”等科目，贷记“财政补助收入”、“零余额账户用款额度”、“银行存款”等科目。质保期满支付质量保证金时，借记“其他应付款”、“长期应付款”科目，或借记“事业支出”、“经营支出”、“专用基金——修购基金”等科目，贷记“财政补助收入”、“零余额账户用款额度”、“银行存款”等科目。

【例3－19】 某事业单位购买一台设备用于专业业务，价款200 000，扣留质量保证金2年，金额30 000。同时取得固定资产全款发票，上述价款均通过财政直接支付进行支付，不考虑相关税费，作会计分录如下：

借：固定资产　　200 000

贷：非流动资产基金——固定资产　　200 000

同时，

借：事业支出	200 000	
贷：财政补助收入		170 000
长期应付款		30 000

质保期满支付质量保证金时：

借：长期应付款	30 000	
贷：财政补助收入		30 000

②自行建造固定资产的核算。

事业单位自行建造固定资产，其成本包括建造该项资产至交付使用状态前所发生的全部必要支出。

工程完工交付使用时，按自行建造过程中发生的实际支出，借记本科目，贷记“非流动资产基金——固定资产”科目；同时，借记“非流动资产基金——在建工程”科目；贷记“在建工程”科目。已达到交付使用状态但尚未办理竣工决算手续的固定资产，按照估计价值入账，待确定实际成本后再进行调整。

有关账务处理参见“在建工程”科目。

③融资租入固定资产的核算。

以融资租赁租入的固定资产，其成本按照租赁协议或者合同确定的租赁价款、相关税费以及固定资产交付使用前所发生的可归属于该项资产的运输费、途中保险费、安装调试费等确定。

融资租入的固定资产，按照确定的成本，借记本科目（不需安装）或“在建工程”科目（需安装），按照租赁协议或者合同确定的租赁价款，贷记“长期应付款”科目，按照其差额，贷记“非流动资产基金——固定资产、在建工程”科目。同时，按照实际支付的相关税费、运输费、途中保险费、安装调试费等，借记“事业支出”、“经营支出”等科目，贷记“财政补助收入”、“零余额账户用款额度”、“银行存款”等科目。

定期支付租金时，按照支付的租金金额，借记“事业支出”、“经营支出”等科目，贷记“财政补助收入”、“零余额账户用款额度”、“银行存款”等科目；同时，借记“长期应付款”科目，贷记“非流动资产基金——固定资产”科目。

跨年度分期付款购入固定资产的账务处理，参照融资租入固定资产。

【例3-20】 某事业单位20×3年2月6日以融资租赁方式租入一台机器设备，租赁合同中的付款总额为23 000元，融资租赁期为10年，合同签订过程中未发生其他支出，款项尚未支付。作会计分录如下：

借：固定资产　　23 000

　　贷：长期应付款　　23 000

2月20日，以银行存款支付租金2 300元。

借：事业支出　　2 300

　　贷：银行存款　　2 300

同时：

借：长期应付款　　2 300

　　贷：非流动资产基金——固定资产　　2 300

④接受捐赠固定资产的核算。

接受捐赠、无偿调入的固定资产，其成本按照有关凭据注明的金额加上相关税费、运输费等确定；没有相关凭据的，其成本比照同类或类似固定资产的市场价格加上相关税费、运输费等确定；没有相关凭据、同类或类似固定资产的市场价格也无法可靠取得的，该固定资产按照名义金额入账。

接受捐赠、无偿调入的固定资产，按照确定的固定资产成本，借记本科目（不需安装）或“在建工程”科目（需安装），贷记“非流动资产基金——固定资产、在建工程”科目；按照发生的相关税费、运输费等，借记“其他支出”科目，贷记“银行存款”等科目。

【例3－21】 某事业单位接受捐赠全新设备1台，根据其发票等单据确定价值为50 000元。

借：固定资产　　50 000

　　贷：非流动资产基金——固定资产　　50 000

若在接受该设备时发生运杂费1 000元，以银行存款付讫，则会计处理为：

借：其他支出　　1 000

　　贷：银行存款　　1 000

同时，

借：固定资产　　1 000

　　贷：非流动资产基金——固定资产　　1 000

（2）固定资产的折旧。

按月计提固定资产折旧时，按照实际计提金额，借记“非流动资产基金——固定资产”科目，贷记“累计折旧”科目。

有关账务处理参见“累计折旧”科目。

（3）固定资产的改建和维护。

①固定资产的改建。

为增加固定资产使用效能或延长其使用年限而发生的改建、扩建或修缮等后续支出，应当计入固定资产成本，通过“在建工程”科目核算，完工交付使用时转入本科目。具体账务处理如下：

在原有固定资产基础上进行改建、扩建、修缮后的固定资产，其成本按照原固定资产账面价值（“固定资产”科目账面余额减去“累计折旧”科目账面余额后的净值）加上改建、扩建、修缮发生的支出，再扣除固定资产拆除部分的账面价值后的金额确定。

将固定资产转入改建、扩建、修缮时，按固定资产的账面价值，借记“在建工程”科目，贷记“非流动资产基金——在建工程”科目；同时，按固定资产对应的非流动资产基金，借记“非流动资产基金——固定资产”科目，按固定资产已计提折旧，借记“累计折旧”科目，按固定资产的账面余额，贷记本科目。

工程完工交付使用时，借记本科目，贷记“非流动资产基金——固定资产”科目；同时，借记“非流动资产基金——在建工程”科目，贷记“在建工程”科目。

②固定资产的维护。

为维护固定资产的正常使用而发生的日常修理等后续支出，应当计入当期支出而不计入固定资产成本，借记“事业支出”、“经营支出”等科目，贷记“财政补助收入”、“零余额账户用款额度”、“银行存款”等科目。

【例3-22】 某事业单位的车辆委托汽车修理厂进行日常修理，发生修理费2 000元，以银行存款支付。会计分录如下：

借：事业支出　　2 000

　　贷：银行存款　　2 000

(4) 固定资产的处置。

报经批准出售、无偿调出、对外捐赠固定资产或以固定资产对外投资，应当分别以下情况处理：

①出售、无偿调出、对外捐赠固定资产，转入待处置资产时，按照待处置固定资产的账面价值，借记“待处置资产损溢”科目，按照已计提折旧，借记“累计折旧”科目，按照固定资产的账面余额，贷记本科目。

实现出售、调出、捐出时，按照处置固定资产对应的非流动资产基金，借记“非流动资产基金——固定资产”科目，贷记“待处置资产损溢”科目。

出售固定资产过程中取得价款、发生相关税费，以及出售价款扣除相关税费后的净收入的账务处理如下：

a. 出售固定资产过程中取得的收入，借记“库存现金”、“银行存款”等科目，贷记“待处置资产损溢——处置净收入”科目。

b. 出售固定资产过程中发生的相关费用，借记“待处置资产损溢——处置净收入”科目，贷记“库存现金”、“银行存款”等科目。

c. 处置完毕，按照处置收入扣除相关处置费用后的净收入，借记“待处置资产损溢——处置净收入”科目，贷记“应缴国库款”等科目。

【例3－23】 某事业单位拟向希望小学捐赠一项1年前购入的固定资产，账面原值10 000元，计划使用年限为10年，按年限平均法计提折旧，账面价值为9 000元。不考虑相关税费，其会计分录为：

借：待处置资产损溢	9 000	
累计折旧	1 000	
贷：固定资产		10 000

实际捐出该固定资产时，

借：非流动资产基金——固定资产	9 000	
贷：待处置资产损溢		9 000

②以固定资产对外投资，按照评估价值加上相关税费作为投资成本，借记“长期投资”科目，贷记“非流动资产基金——长期投资”科目，按发生的相关税费，借记“其他支出”科目，贷记“银行存款”、“应缴税费”等科目；同时，按照投出固定

资产对应的非流动资产基金，借记“非流动资产基金——固定资产”科目，按照投出固定资产已计提折旧，借记“累计折旧”科目，按投出固定资产的账面金额，贷记本科目。

有关账务处理详见“长期投资”科目。

(5) 固定资产的清查。

事业单位的固定资产应当定期进行清查盘点，每年至少盘点一次。对于发生的固定资产盘盈、盘亏或者报废、毁损，应当及时查明原因，按规定报经批准后进行账务处理。

①盘盈的固定资产，按照同类或类似固定资产的市场价格确定入账价值；同类或类似固定资产的市场价格无法可靠取得的，按照名义金额入账。

盘盈的固定资产，按照确定的入账价值，借记本科目，贷记“非流动资产基金——固定资产”科目。

【例3-24】某事业单位年终进行财产盘点，盘盈设备1台，重置价值为4 500元，其会计分录为：

借：固定资产　　4 500

　　贷：非流动资产基金——固定资产　　4 500

②盘亏或者毁损、报废的固定资产，转入待处置资产时，按照待处置固定资产的账面价值，作如下会计分录：

借：待处置资产损溢

　　累计折旧

　　贷：固定资产

报经批准予以处置时，按照已处置固定资产对应的非流动资产基金，作如下会计分录：

借：非流动资产基金——固定资产

　　贷：待处置资产损溢

处置毁损、报废固定资产过程中所取得的收入、发生的相关费用，以及处置收入扣除相关费用后的净收入的账务处理，参见“待处置资产损溢”科目。

（三）累计折旧

1. 折旧的概述

折旧是指在固定资产使用寿命内，按照确定的方法对应折旧金额进行系统分摊。事业单位固定资产的应折旧金额为其成本，计提固定资产折旧不考虑预计净残值。事业单位一般应当按月计提固定资产折旧。当月增加的固定资产，当月不提折旧，从下月开始计提；当月减少的固定资产，当月照提折旧，从下月开始不提折旧。固定资产提足折旧后，无论能否继续使用，均不再提取折旧；提前报废的固定资产，也不再补提折旧。已提足折旧的固定资产，可以继续使用的，应当继续使用，规范管理。

事业单位应当根据固定资产的性质和实际使用情况，合理确定其折旧年限。省级以上财政部门、主管部门对事业单位固定资产折旧年限做出规定的，从其规定。

事业单位应当对除下列各项资产以外的其他固定资产计提折旧：文物和陈列物；动植物；图书、档案；以名义金额计量的固定资产。

2. 固定资产折旧的方法

根据新制度的规定，事业单位一般应当采用年限平均法或工作量法计提固定资产折旧。

（1）年限平均法。

年限平均法又称直线法，是指将固定资产的应计折旧额均衡地分摊到固定资产预计使用寿命内的一种方法。在这种折旧方法下，固定资产每年的折旧额均相等。计算公式如下：

固定资产年折旧额＝固定资产原值÷固定资产使用寿命

固定资产年折旧率＝1÷固定资产预计使用寿命×100%＝固

定资产年折旧额÷固定资产原值×100%

【例3-25】某事业单位购入一台设备，取得成本为14 400元，预计使用年限是10年，不考虑相关税费，该设备的月折旧额计算如下：

生产设备的月折旧额＝14 400÷10÷12＝120（元）

生产设备的月折旧率＝120÷14 400×100%＝8.33%

(2) 工作量法。

工作量法是指按实际工作量计提固定资产折旧额的一种方法。一般是按固定资产所能工作的时数平均计算折旧额。实质上，工作量法是平均年限法的补充和延伸。计算公式有三类，如下：

①按照行驶里程计算折旧，其计算公式如下：

单位里程折旧额＝原值÷总行驶进程

②按工作小时计算折旧，其计算公式如下：

每工作小时折旧额＝原值÷工作总小时

③按台班计算折旧的公式

每台班折旧额＝原值÷工作总台班数

【例3-26】某事业单位购入运输汽车1辆，原值为288 000元，预计行使总里程为800 000公里。该汽车采用工作量法计提折旧。某月该汽车行使6 000公里。该汽车的单位工作量折旧额和该月折旧额计算如下：

单位工作量折旧额＝288 000÷800 000＝0.36（元/公里）

该月折旧额＝0.36×6 000＝2 160（元）

3. 固定资产折旧的会计处理

事业单位应设置“累计折旧”科目，核算事业单位固定资产计提的累计折旧。本科目应当按照所对应固定资产的类别、项目等进行明细核算。本科目期末余额在贷方，反映事业单位计提的固定资产折旧累计数。事业单位按月计提固定资产折旧时，按照应计提折旧的金额，借记“非流动资产基金——固定资产”科目，贷记本科目。

【例 3-27】 某事业单位 20×3 年 3 月份固定资产计提折旧的情况如下：

机器设备计提折旧 120 元，

运输汽车计提折旧 2 160 元。

会计分录如下：

借：非流动资产资金——固定资产（机器设备） 120

——固定资产（运输汽车） 2 160

贷：累计折旧 2 280

固定资产处置时，按照所处置固定资产的账面价值，借记“待处置资产损溢”科目，按照已计提折旧，借记本科目，按照固定资产的账面余额，贷记“固定资产”科目。

计提融资租入固定资产折旧时，应当采用与自有固定资产相一致的折旧政策。能够合理确定租赁期届满时将会取得租入固定资产所有权的，应当在租入固定资产尚可使用年限内计提折旧；无法合理确定租赁期届满时能够取得租入固定资产所有权的，应当在租赁期与租入固定资产尚可使用年限两者中较短的期间内计提折旧。

固定资产因改建、扩建或修缮等原因而延长其使用年限的，应当按照重新确定的固定资产的成本以及重新确定的折旧年限，重新计算折旧额。

（四）在建工程

1. 在建工程核算使用的主要账户

事业单位应设置“在建工程”账户，核算已经发生必要支出，但尚未完工交付使用的各种建筑（包括新建、改建、扩建、修缮等）和设备安装工程的实际成本。本账户应按照工程性质和具体工程项目等进行明细核算。本账户期末借方余额，反映事业单位尚未完工的在建工程发生的实际成本。

事业单位的基本建设投资应当按照国家有关规定单独建账、单独核算，同时按照本制度的规定至少按月并入本账户及其他相关账户反映。事业单位应当在本账户下设置“基建工程”明细账户，核算由基建账套并入的在建工程成本。有关基建并账的具体账务处理另行规定。

2. 在建工程（非基本建设项目）的核算

(1) 建筑工程。

①将固定资产转入改建、扩建或修缮等时，按照固定资产的账面价值，借记本科目，贷记“非流动资产基金——在建工程”科目；同时，按照固定资产对应的非流动资产基金，借记“非流动资产基金——固定资产”科目，按照已计提的折旧，借记“累计折旧”科目，按照固定资产的账面余额，贷记“固定资产”科目。

②根据工程价款结算账单与施工企业结算工程价款时，按照实际支付的工程价款，借记本科目，贷记“非流动资产基金——在建工程”科目；同时，借记“事业支出”等科目，贷记“财政补助收入”、“零余额账户用款额度”、“银行存款”等科目。

③事业单位为建筑工程借入的专门借款的利息，属于建设期间发生的，计入在建工程成本，借记本科目，贷记“非流动资产基金——在建工程”科目；同时，借记“其他支出”科目，贷记“银行存款”科目。

④工程完工交付使用时，按照建筑工程所发生的实际成本，

借记“固定资产”科目，贷记“非流动资产基金——固定资产”科目；同时，借记“非流动资产基金——在建工程”科目，贷记本科目。

【例3－28】某事业单位20×3年3月为改建办公楼向银行借入1年期专门借款200 000元，年利率1%，改建工程同月开始实施。预计改建办公楼的工程价款为200 000元，工程完工后付款。办公楼的相关资料如下：账面余额10 000 000元，使用寿命为50年，已使用20年，按年限平均法计提折旧。作会计分录如下：

（1）借入专门借款时：

借：银行存款　　200 000

　　贷：短期借款　　200 000

（2）将办公楼转入在建工程：

借：在建工程　　6 000 000

　　贷：非流动资产基金——在建工程　　6 000 000

同时：

借：非流动资产基金——固定资产　　6 000 000

　　累计折旧　　4 000 000

　　贷：固定资产　　10 000 000

（3）20×4年，以银行存款偿还专门借款本息时：

借：在建工程　　20 000

　　贷：非流动资产基金——在建工程　　20 000

借：在建工程　　200 000

　　贷：非流动资产基金——在建工程　　200 000

同时：

借：其他支出　　20 000

　　短期借款　　200 000

贷：银行存款 220 000

(4) 20×4 年 3 月改建完工交付使用后：

借：固定资产——办公楼 6220 000

贷：非流动资产基金——固定资产 6220 000

同时：

借：非流动资产基金——在建工程 6220 000

贷：在建工程 6220 000

(2) 设备安装。

①购入需要安装的设备，按照确定的成本，借记本科目，贷记“非流动资产基金——在建工程”科目；同时，按照实际支付的金额，借记“事业支出”“经营支出”等科目，贷记“财政补助收入”、“零余额账户用款额度”、“银行存款”等科目。

融资租入需要安装的设备，按照确定的成本，借记本科目，按照租赁协议或者合同确定的租赁价款，贷记“长期应付款”科目，按照其差额，贷记“非流动资产基金——在建工程”科目。同时，按照实际支付的相关税费、运输费、途中保险费等，借记“事业支出”、“经营支出”等科目，贷记“财政补助收入”、“零余额账户用款额度”、“银行存款”等科目。

②发生安装费用，借记本科目，贷记“非流动基金——在建工程”科目；同时，借记“事业支出”、“经营支出”等科目，贷记“财政补助收入”、“零余额账户用款额度”、“银行存款”等科目。

③设备安装完工交付使用时，借记“固定资产”科目，贷记“非流动资产基金——固定资产”科目；同时，借记“非流动资产基金——在建工程”科目，贷记本科目。

【例 3－29】 某事业单位 20×3 年 1 月购进一台需要安装的设备，价值 30 000 元，安装费用 3 000 元，上述款项均通过银行存款付讫，不考虑相关税费，作会计分录如下：

(1) 安装设备时：

借：在建工程　　30 000
　　贷：非流动资产基金——在建工程　　30 000

同时：

借：事业支出　　30 000
　　贷：银行存款　　30 000

(2) 支付安装费时：

借：在建工程　　3 000
　　贷：非流动资产基金——在建工程　　3 000

同时：

借：事业支出　　3 000
　　贷：银行存款　　3 000

(3) 设备交付使用时：

借：固定资产　　33 000
　　贷：非流动资产基金——固定资产　　33 000

同时：

借：非流动资产基金——在建工程　　33 000
　　贷：在建工程　　33 000

(五) 无形资产

无形资产是指事业单位持有的没有实物形态的可辨认非货币性资产，包括土地使用权、专利权、非专利技术、商标权、著作权等。事业单位购入的不构成相关硬件不可缺少组成部分的应用软件，作为无形资产核算。

1. 无形资产核算使用的主要账户

事业单位应设置“无形资产”账户，用来核算单位的专利权、非专利技术、著作权、商标权、土地使用权等各种无形资产的价值。本账户期末余额在借方反映事业单位无形资产的原价。该账户应按无形资产的类别、项目等设置明细账户，进行明细核算。

2. 无形资产的核算

(1) 无形资产取得的核算。

无形资产在取得时，应按照其实际成本入账。

①外购无形资产的核算。

a. 外购的无形资产，其成本包括实际支付的购买价款、相关税费以及可归属于该项资产达到预定用途所发生的其他支出。作如下会计分录：

购入的无形资产，按照确定的无形资产成本：

借：无形资产

　　贷：非流动资产基金——无形资产

同时，按照实际支付的金额：

借：事业支出等

　　贷：财政补助收入 或 零余额账户用款额度 或 银行存款等

b. 委托软件公司开发软件视同外购无形资产进行处理。作如下会计分录：

支付软件开发费时，按照实际支付的金额：

借：事业支出等

　　贷：财政补助收入 或 零余额账户用款额度 或 银行存款等

软件开发完成交付使用时，按照软件开发费总额：

借：无形资产

　　贷：非流动资产基金——无形资产

②自行开发无形资产的核算。

自行开发并按法律程序申请取得的无形资产，按照依法取得时发生的注册费、聘请律师费等费用，作如下会计分录：

借：无形资产

贷：非流动资产基金——无形资产

同时：

借：事业支出等

贷：财政补助收入 或 零余额账户用款额度 或 银行存款等

依法取得前所发生的研究开发支出，应于发生时直接计入当期支出，借记“事业支出”等科目，贷记“银行存款”等科目。

③接受捐赠、无偿调入无形资产的核算。

接受捐赠、无偿调入的无形资产，其成本按照有关凭据注明的金额加上相关税费等确定；没有相关凭据的，其成本比照同类或类似无形资产的市场价格加上相关税费等确定；没有相关凭据、同类或类似无形资产的市场价格也无法可靠取得的，该资产按照名义金额入账。

接受捐赠、无偿调入的无形资产，按照确定的无形资产成本，借记本科目，贷记“非流动资产基金——无形资产”科目；按照发生的相关税费等，借记“其他支出”科目，贷记“银行存款”等科目。

（2）无形资产的摊销。

摊销，是指在无形资产使用寿命内，按照确定的方法对应摊销金额进行系统分摊。事业单位无形资产的应计摊销额为其成本。因发生后续支出而增加无形资产成本的，应按照重新确定的无形资产的成本，重新计算摊销额。

事业单位按如下原则确定无形资产的摊销年限：法律规定了

有效年限的，按照法律规定的有效年限作为摊销年限；法律没有规定有效年限的，按照相关合同或单位申请书中的受益年限作为摊销年限；法律没有规定受益年限、相关合同或单位申请书也没有规定受益年限的，按照不少于10年的期限摊销。

①无形资产摊销的方法。

根据新制度的规定，事业单位应当采用年限平均法对无形资产进行摊销。

【例3-30】 某事业单位20×3年3月从某科研机构购入一项专利权，取得成本为60 000元，该专利权期限为5年，不考虑相关税费，该专利权的月摊销额计算如下：

无形资产的月摊销额＝60 000÷5÷12＝1 000（元）

②无形资产摊销的会计处理。

事业单位通过“累计摊销”科目对无形资产（以名义金额计量的无形资产除外）进行摊销，并按对应无形资产的类别、项目等进行明细核算。本科目期末余额在贷方，反映事业单位计提的无形资产摊销累计数。事业单位应当自无形资产取得当月起，按月计提无形资产摊销，按照应计提摊销金额，借记“非流动资产基金——无形资产”科目，贷记本科目。

【例3-31】 某事业单位本月摊销上例中购入的无形资产，月摊销额为1 000元，会计分录为：

借：非流动资产基金——无形资产	1 000	
贷：累计摊销		1 000

（3）无形资产再开发与维护的核算。

①无形资产再开发的核算。

为增加无形资产的使用效能而发生的后续支出，如对软件进行升级改造或扩展其功能等所发生的支出，应当计入无形资产的成本，借记本科目，贷记“非流动资产基金——无形资产”科目；同时，借记“事业支出”等科目，贷记“财政补助收入”、“零余额账户用款额度”、“银行存款”等科目。

【例3-32】某事业单位对财务管理软件进行升级改造，发生支出8 000元，以银行存款付讫。作会计分录如下：

借：无形资产　　8 000

　　贷：非流动资产基金——无形资产　　8 000

同时：

借：事业支出　　8 000

　　贷：银行存款　　8 000

②无形资产维护的核算。

为维护无形资产的正常使用而发生的后续支出，如对软件进行漏洞修补、技术维护等所发生的支出，应当计入当期支出但不计入无形资产的成本，作会计分录如下：

借：事业支出等

　　贷：财政补助收入 或 零余额账户用款额度 或 银行存款等

（4）无形资产处置的核算。

①转让、无偿调出、对外捐赠无形资产的核算。

转让、无偿调出、对外捐赠的无形资产，转入待处置资产时，按照待处置无形资产的账面价值，借记“待处置资产损溢”科目，按照已计提摊销，借记“累计摊销”科目，按照无形资产的账面余额，贷记本科目。

实际转让、调出、捐出时，按照处置无形资产对应的非流动资产基金，借记“非流动资产基金——无形资产”科目，贷记“待处置资产损溢”科目。

转让无形资产过程中取得价款、发生相关税费，以及出售价款扣除相关税费后的净收入的账务处理，参见“待处置资产损溢”科目。

【例3-33】 某事业单位拟向希望小学捐赠一项1年前购入的土地使用权，账面原值100 000元，计划使用年限为10年，按年限平均法进行摊销，其会计分录为：

借：待处置资产损溢　　90 000
　　累计摊销　　10 000
　　贷：无形资产——土地使用权　　100 000

实际捐出该土地使用权时，

借：非流动资产基金——无形资产　　90 000
　　贷：待处置资产损溢　　90 000

②以无形资产进行对外投资的核算。

以已入账无形资产对外投资，按照评估价值加上相关税费作为投资成本，借记“长期投资”科目，贷记“非流动资产基金——长期投资”科目，按发生的相关税费，借记“其他支出”科目，贷记“银行存款”、“应缴税费”等科目；同时，按照投出无形资产对应的非流动资产基金，借记“非流动资产基金——无形资产”科目，按照投出无形资产已计提摊销，借记“累计摊销”科目，按投出无形资产的账面金额，贷记本科目。

具体账务处理，参见“长期投资”科目。

（5）无形资产核销的核算。

无形资产预期不能为事业单位带来服务潜力或经济利益的，应当按规定报经批准后将该无形资产的账面价值予以核销。

转入待处置资产时，按照待核销无形资产的账面价值，借记“待处置资产损溢”科目，按照已计提摊销，借记“累计摊销”科目，按照无形资产的账面余额，贷记本科目。

报经批准予以核销时，按照核销无形资产对应的非流动资产基金，借记“非流动资产基金——无形资产”科目，贷记“待处置资产损溢”科目。

（六）累计摊销

1. 摊销的概述

摊销，是指在无形资产使用寿命内，按照确定的方法对应摊销金额进行系统分摊。事业单位无形资产的应计摊销额为其成本。因发生后续支出而增加无形资产成本的，应按照重新确定的无形资产的成本，重新计算摊销额。事业单位应当自无形资产取得当月起，采用年限平均法，按月计提无形资产摊销。

事业单位按如下原则确定无形资产的摊销年限：法律规定了有效年限的，按照法律规定的有效年限作为摊销年限；法律没有规定有效年限的，按照相关合同或单位申请书中的受益年限作为摊销年限；法律没有规定受益年限、相关合同或单位申请书也没有规定受益年限的，按照不少于10年的期限摊销。

2. 无形资产摊销的会计处理

事业单位通过“累计摊销”科目对无形资产（以名义金额计量的无形资产除外）进行摊销，并按对应无形资产的类别、项目等进行明细核算。本科目期末余额在贷方，反映事业单位计提的无形资产摊销累计数。事业单位应当自无形资产取得当月起，按月计提无形资产摊销，按照应计提摊销金额，借记“非流动资产基金——无形资产”科目，贷记本科目。

具体账务处理详见无形资产摊销的核算。

（七）待处置资产损溢

1. 待处置资产损溢的概述

“待处置资产损溢”是新制度新设置的一个科目，用于核算事业单位待处置资产的价值及处置损溢。事业单位资产处置包括出售、出让、转让、对外捐赠、无偿调出、盘亏、报废、毁损以及货币性资产损失核销等。本科目应当按照待处置资产项目进行明细核算；对于在处置过程中取得相关收入、发生相关费用的处置项目，还应设置“处置资产价值”、“处置净收入”明细科目，进行明细核算。

本科目是一个资产类科目，期末如为借方余额，反映尚未处置完毕的各种资产价值及净损失；期末如为贷方余额，反映尚未处置完毕的各种资产净溢余。年度终了报经批准处理后，本科目一般应无余额。

2. 待处置资产损溢的主要账务处理

事业单位处置资产一般应当先记入本科目，按规定报经批准后及时进行账务处理。年度终了结账前一般应处理完毕。

（1）按规定报经批准予以核销的应收及预付款项、长期股权投资、无形资产 。

转入待处置资产时，借记本科目（核销无形资产的，还应借记“累计摊销”科目），贷记“应收账款”、“预付账款”、“其他应收款”、“对外投资”、“无形资产”等科目。

报经批准予以核销时，借记“其他支出”科目［应收及预付款项核销］或“非流动资产基金——长期投资、无形资产”科目［长期投资、无形资产核销］，贷记本科目。

有关账务处理参见相关资产科目。

（2）盘亏或者毁损、报废的存货、固定资产。

①转入待处置资产时，借记本科目（处置资产价值）［处置固定资产的，还应借记“累计折旧”科目］，贷记“存货”、“固定资产”等科目。

②报经批准予以处置时，借记“其他支出”科目（处置存货）或“非流动资产基金——固定资产”科目（处置固定资产），贷记本科目（处置资产价值）。

③处置毁损、报废存货、固定资产过程中收到残值变价收

入、保险理赔和过失人赔偿等，借记“库存现金”、“银行存款”等科目，贷记本科目（处置净收入）。

④处置毁损、报废存货、固定资产过程中发生的相关费用，借记本科目（处置净收入），贷记“库存现金”、“银行存款”等科目。

⑤处置完毕，按照处置收入扣除相关处置费用后的净收入，借记本科目（处置净收入），贷记“应缴国库款”等科目。

【例3－34】某事业单位处置一批报废存货，收到残值变价收入、保险理赔和过失人赔偿合计5 000元，存入银行；发生相关费用2 000元，以现金支付。作会计分录如下：

收到变价收入、相关赔偿时：

借：银行存款　　5 000

　　贷：待处置资产损溢——处置净收入　　5 000

支付相关费用时：

借：待处置资产损溢——处置净收入　　2 000

　　贷：库存现金　　2 000

处置完毕：

借：待处置资产损溢——处置净收入　　4 800

　　贷：应缴国库款　　4 800

（3）对外捐赠、无偿调出存货、固定资产、无形资产。

转入待处置资产时，借记本科目［捐赠、调出固定资产、无形资产的，还应借记“累计折旧”、“累计摊销”科目］，贷记“存货”、“固定资产”、“无形资产”等科目。

实际捐出、调出时，借记“其他支出”科目［捐出、调出存货］或“非流动资产基金——固定资产、无形资产”科目［捐出、调出固定资产、无形资产］，贷记本科目。

有关账务处理可参阅相关资产科目。

(4) 转让(出售)长期股权投资、固定资产、无形资产 。

①转入待处置资产时,借记本科目(处置资产价值)[转让固定资产、无形资产的,还应借记“累计折旧”、“累计摊销”科目],贷记“长期投资”、“固定资产”、“无形资产”等科目。

②实际转让时,借记“非流动资产基金——长期投资、固定资产、无形资产”科目,贷记本科目(处置资产价值)。

③ 转让过程中取得价款、发生相关税费,以及转让价款扣除相关税费后的净收入的账务处理,按照国家有关规定,比照本科目有关毁损、报废存货、固定资产的处理。

有关账务处理可参阅相关资产科目。

第四章 事业单位负债的核算

事业单位负债是事业单位承担的能以货币计量，需要以资产偿付的债务，包括借入款项、应付票据、应付账款、预收账款、其他应付款、应缴国库款、应缴财政专户款和应缴税费等。

事业单位的负债按照流动性可分为流动负债和非流动负债。

（1）流动负债。流动负债是指预计在1年内（包括1年）偿还的债务。事业单位的流动负债包括短期借款、应缴款项、应付职工薪酬、应付及预收款项等。其中应缴款项包括：应缴税费、应缴国库款和应缴财政专户款；应付及预收款项包括应付票据、应付账款、预收账款和其他应付款。

（2）非流动负债。非流动负债是指流动负债以外的负债。事业单位的非流动负债包括长期借款、长期应付款等。

第一节 流动负债

事业单位的流动负债是指预计在1年内（含1年）偿还的负债。事业单位的流动负债包括短期借款、应付及预收款项、应付职工薪酬、应缴款项等。

一、流动负债相关科目内容比较

新、旧《事业单位会计制度》的流动负债相关科目内容比较见表4－1。

表 4－1 新、旧事业单位会计制度流动负债科目对照表

<table>
<tr><th colspan="2">新《事业单位会计制度》</th><th colspan="2">旧《事业单位会计制度》</th></tr>
<tr><th>科目编号</th><th>名称</th><th>科目编号</th><th>名称</th></tr>
<tr><td>2001</td><td>短期借款</td><td>201</td><td>借入款项</td></tr>
<tr><td>2101</td><td>应缴税费</td><td>210</td><td>应交税金</td></tr>
<tr><td>2102</td><td>应缴国库款</td><td>208</td><td>应缴预算款</td></tr>
<tr><td>2103</td><td>应缴财政专户款</td><td>209</td><td>应缴财政专户款</td></tr>
<tr><td rowspan="3">2201</td><td rowspan="3">应付职工薪酬</td><td rowspan="3"></td><td>应付工资（离退休费）</td></tr>
<tr><td>应付地方（部门）津贴补贴</td></tr>
<tr><td>应付其他个人收入</td></tr>
<tr><td>2301</td><td>应付票据</td><td>202</td><td>应付票据</td></tr>
<tr><td>2302</td><td>应付账款</td><td>203</td><td>应付账款</td></tr>
<tr><td>2303</td><td>预收账款</td><td>204</td><td>预收账款</td></tr>
<tr><td>2305</td><td>其他应付款</td><td>207</td><td>其他应付款</td></tr>
</table>

《新会计制度》流动负债的内容包括短期借款、应缴税费、应缴国库款、应缴财政专户款、应付职工薪酬、应付票据、应付账款、预收账款和其他应付款 9 个科目。《旧会计制度》没有根据流动性对负债进行划分，其内容包括借入款项、应交税金、应缴预算款、应缴财政专户款、应付工资（离退休费）、应付地方（部门）津贴补贴、应付其他个人收入、应付票据、应付账款、预收账款和其他应付款等 11 个科目。

新、旧《事业单位会计制度》在流动负债方面的变化主要有四个方面：

第一，新制度将旧制度中的借入款项分为短期借款和长期借款，“短期借款”科目用于核算事业单位借入的期限在 1 年内

（含1年）的各种借款；“长期借款”科目用于核算事业单位借入的期限超过1年（不含1年）的各种借款。“短期借款”、“长期借款”两个科目核算的内容与旧制度中“借入款项”科目核算的内容基本相同。

第二，新制度设置了“应缴税费”、“应缴国库款”科目，分别取代旧制度中“应交税金”、“应缴预算款”科目，新、旧制度的核算内容基本相同。

第三，新制度增设“应付职工薪酬”科目，其核算内容涵盖了旧制度中“应付工资（离退休费）”、“应付地方（部门）津贴补贴”、“应付其他个人收入”三个科目的核算内容，并包括应付的社会保险费和住房公积金等（旧制度中在“其他应付款”科目核算）。

第四，新制度增加了“长期应付款”科目，用于核算事业单位发生的偿还期限超过1年（不含1年）的应付款项。旧制度中“应付账款”、“其他应付款”科目中偿还期在1年以上（不含1年）的应付账款在新制度中不再作为其核算内容。

二、流动负债的会计处理

（一）短期借款

为了让利益相关者更加清楚地了解事业单位财务状况的真实情况，便于做出各种信贷和投资决策，新制度中将原“借入款项”科目划分为“短期借款”和“长期借款”两个科目。

1. 短期借款核算使用的主要账户

根据新制度的要求，事业单位应设置“短期借款”账户，用于核算借入的期限在1年内（含1年）的各种借款，并应按照贷款单位和贷款种类设置明细账。该账户贷方反映短期借款的本金；借方反映偿还的短期借款本金；期末贷方余额反映尚未偿还的短期借款本金。

2. 短期借款的核算

(1) 借入短期借款的核算。借入各种短期借款时，按照实际借入的金额，作如下会计分录：

借：银行存款

　　贷：短期借款

(2) 支付利息的核算，支付短期借款利息时，作如下会计分录：

借：其他支出

　　贷：银行存款

(3) 到期还款的核算。

①银行承兑汇票到期，本单位无力支付票款的，按照银行承兑汇票的票面金额，作如下会计分录：

借：应付票据

　　贷：短期借款

②到期归还短期借款的，作如下会计分录：

借：短期借款

　　贷：银行存款

【例 4-1】 某事业单位 1 月 1 日从银行借入 4 个月的借款 20 000元，年利率为 12%，到期一次还本付息。借款用于事业单位事业支出。作如下会计分录：

(1) 1 月 1 日借款时：

借：银行存款　　20 000

　　贷：短期借款　　20 000

(2) 5 月 1 日归还短期本金，并支付 4 个月的利息 800 元 (20 000 × 12% × 4 ÷ 12)：

借：短期借款　　20 000

　　其他支出　　800

贷：银行存款　　　　　　　　　　　　　　　20 800

（二）应缴税费

应缴税费是指事业单位按照税法等规定计算应缴纳的各种税费。包括营业税、增值税、城市维护建设税、教育费附加、车船税、房产税、城镇土地使用税、企业所得税等。

事业单位代扣代缴的个人所得税，也通过本科目核算。

事业单位应缴纳的印花税不需要预提应缴税费，直接通过支出等有关科目核算，不在本科目核算。

1. 应缴税费核算使用的主要账户

为了核算事业单位应缴纳的各种税费，设置“应缴税费”账户，并应当按照应缴纳的税费种类进行明细核算。属于增值税一般纳税人的事业单位，其应缴纳增值税明细账中应设置“进项税额”、“已交税金”、“销项税额”、“进项税额转出”等专栏。本账户借方登记已缴的各种税费；贷方登记应缴的各种税费；该账户期末借方余额为多缴的税费，贷方余额为应缴未缴的税费。

2. 应缴税费的核算

（1）发生营业税、城市维护建设税、教育费附加的核算。

发生营业税、城市维护建设税、教育费附加纳税义务的，按税法规定计算的应缴税费金额，借记“待处置资产损溢——处置净收入”科目（出售不动产应缴的税费）或有关支出科目，贷记本科目。实际缴纳时，借记本科目，贷记“银行存款”科目。

（2）发生增值税的核算。

①属于增值税一般纳税人的事业单位发生增值税的核算

a. 事业单位购入非自用材料，按确定的成本（不含增值税进项税额）作如下会计分录：

借：存货

　　应缴税费——应缴增值税（进项税额）

贷：银行存款 或 应付账款等

b. 购进的非自用材料发生盘亏、毁损、报废、对外捐赠、无偿调出等税法规定不得从增值税销项税额中抵扣进项税额的，将所购进的非自用材料转入待处置资产时，按照材料的账面余额与相关增值税进项税额转出金额的合计金额，借记“待处置资产损溢”科目，按材料的账面余额，贷记“存货”科目，按转出的增值税进项税额，贷记本科目（应缴增值税——进项税额转出）。作如下会计分录：

借：待处置资产损溢

贷：存货

应缴税费——应缴增值税（进项税额转出）

c. 销售应税产品或提供应税服务，按包含增值税的价款总额，借记“银行存款”、“应收账款”、“应收票据”等科目，按扣除增值税销项税额后的价款金额，贷记“经营收入”等科目，按增值税专用发票上注明的增值税金额，贷记本科目（应缴增值税——销项税额）。作如下会计分录：

借：银行存款 或 应收账款 或 应收票据等

贷：经营收入

应缴税费——应缴增值税（销项税额）

d. 事业单位实际缴纳增值税时，作如下会计分录：

借：应缴税费——应缴增值税（已交税金）

贷：银行存款

②属于增值税小规模纳税人的事业单位增值税的核算

a. 事业单位（小规模纳税人）销售应税产品或提供应税服务时，按实际收到或应收的价款，借记“银行存款”、“应收账款”、“应收票据”等科目，按实际收到或应收价款扣除增值税额后的金额，贷记“经营收入”等科目，按应缴增值税金额，贷记本科目（应缴增值税）。具体会计分录如下：

借：银行存款 或 应收账款 或 应收票据等

　　贷：经营收入

　　　　应缴税费——应缴增值税

b. 实际缴纳增值税时，作如下会计分录：

借：应缴税费——应缴增值税

　　贷：银行存款

（3）发生房产税、城镇土地使用税、车船税的核算。

发生房产税、城镇土地使用税、车船税纳税义务的，按税法规定计算的应缴税金数额，借记有关科目，贷记本科目。实际缴纳时，借记本科目，贷记“银行存款”科目。

（4）代扣代缴个人所得税的核算。

代扣代缴个人所得税的，按税法规定计算应代扣代缴的个人所得税金额，借记“应付职工薪酬”科目，贷记本科目。实际缴纳时，借记本科目，贷记“银行存款”科目。具体账务处理参见“应付职工薪酬”科目。

（5）发生企业所得税的核算。

发生企业所得税纳税义务的，按税法规定计算的应缴税金数额，借记“非财政补助结余分配”科目，贷记本科目。实际缴纳时，借记本科目，贷记“银行存款”科目。具体账务处理参见“非财政补助结余分配”科目。

（6）发生其他纳税义务的，按照应缴纳的税费金额，借记有关科目，贷记本科目。实际缴纳时，借记本科目，贷记“银行存款”等科目。

（三）应缴国库款

应缴国库款是指事业单位按规定应缴入国库的款项（应缴税费除外）。应缴国库款，属于国家财政性资金，事业单位不能视为己有，应及时足额上缴财政，不得截留、坐支，更不得隐匿不报或挪作他用。应缴国库款主要包括：事业单位代收的纳入预算管理的基金、行政性收费收入、罚没收入、无主财物变价收入、其他按预算管理规定应上缴国库的款项。

1. 应缴国库款核算使用的主要账户

事业单位为了核算按规定应缴入国库的各种收入，应设置“应缴国库款”账户，该账户借方登记实际上缴的应缴国库的各项收入数；贷方登记取得应缴国库的各项收入数；期末余额在贷方反映应缴未缴数。本账户应按应缴国库的各款项类别进行明细核算。

2. 应缴国库款的核算

事业单位取得应缴国库的各项收入时，借记“银行存款”等科目，贷记“应缴国库款”科目；上缴时，借记“应缴国库款”科目，贷记“银行存款”等科目。

【例4－2】 某事业单位发生如下业务：

（1）收到行政性收费收入现金2 000元，作如下会计分录：

借：库存现金　　2 000

　　贷：应缴国库款　　2 000

（2）收到罚没收入存入银行5 000元，作如下会计分录：

借：银行存款　　5 000

　　贷：应缴国库款　　5 000

（3）收到无主财物的变价收入10 000元存入银行，作如下会计分录：

借：银行存款　　10 000

　　贷：应缴国库款　　10 000

（4）将应缴国库款25 000元缴入国库，作如下会计分录：

借：应缴国库款　　25 000

贷：银行存款　　　　　　　　　　　　　　　　25 000

事业单位处置资产取得的应上缴国库的处置净收入的账务处理，参见“待处置资产损溢”科目。

（四）应缴财政专户款

1. 应缴财政专户款核算使用的主要账户

事业单位应设置“应缴财政专户款”账户，核算按规定应缴入财政专户的款项。该账户借方登记上缴财政专户的数额；贷方登记收到应缴财政专户的各项收入数；期末余额在贷方，反映应缴未缴数。本账户应当按照应缴财政专户的各款项类别进行明细核算。

2. 应缴财政专户款的核算

取得应缴财政专户的款项时，借记有关科目，贷记本科目。上缴款项时，借记本科目，贷记“银行存款”等科目。

【例4－3】某事业单位收到应上缴财政专户款10 000元，已存入银行。作如下会计分录：

借：银行存款　　　　　　　　　　　　　10 000

　　贷：应缴财政专户款　　　　　　　　　　　10 000

按规定上缴财政专户时，作如下会计分录：

借：应缴财政专户款　　　　　　　　　　10 000

　　贷：银行存款　　　　　　　　　　　　　　10 000

（五）应付职工薪酬

1. 应付职工薪酬核算使用的主要账户

事业单位应设置“应付职工薪酬”账户，核算按有关规定应付给职工及为职工支付的各种薪酬，包括基本工资、绩效工资、国家统一规定的津贴补贴、社会保险费、住房公积金等。本账户借方反映已付给职工的薪酬数；贷方反映计提的职工薪酬数；期末余额在贷方，反映事业单位应付未付的职工薪酬。

本账户应当根据国家有关规定按照“工资（离退休费）”、“地方（部门）津贴补贴”、“其他个人收入”以及“社会保险费”、“住房公积金”等进行明细核算。

2. 应付职工薪酬的核算

（1）计算当期应付职工薪酬时，作如下会计分录：

借：事业支出 或 经营支出等

　　贷：应付职工薪酬

（2）向员工支付工资、津贴补贴等时，作如下会计分录：

借：应付职工薪酬

　　贷：财政补助收入 或 零余额账户用款额度 或 银行存款

（3）按税法规定代扣代缴个人所得税时，作如下会计分录：

借：应付职工薪酬

　　贷：应缴税费——应缴个人所得税

（4）按照国家有关规定缴纳职工社会保险费和住房公积金时，作如下会计分录：

借：应付职工薪酬

　　贷：财政补助收入 或 零余额账户用款额度 或 银行存款

（5）从应付职工薪酬中支付其他款项时，作如下会计分录：

借：应付职工薪酬

　　贷：财政补助收入 或 零余额账户用款额度 或 银行存款

【例4－4】 某事业单位20×3年10月份计提职工工资200 000元（已代扣代缴个人所得税），住房公积金10 000元，社会保险费30 000元，代扣代缴个人所得税15 000元。上述款项均通过财政部门拨款以直接支付方式付讫。会计分录分别为：

（1）计提应付职工薪酬时：

借：事业支出　　　　240 000

　　贷：应付职工薪酬——工资　　　　200 000

——住房公积金　　10 000
——社会保险费　　30 000

（2）代扣代缴个人所得税时：

借：应付职工薪酬　　15 000
　　贷：应缴税费——应缴个人所得税　　15 000

（3）支付职工薪酬时：

借：应付职工薪酬——工资　　200 000
　　——住房公积金　　10 000
　　——社会保险费　　30 000
　　贷：财政补助收入　　240 000

（六）应付票据

应付票据是指事业单位因购买材料、物资等而开出、承兑的商业汇票，包括银行承兑汇票和商业承兑汇票。

1. 应付票据核算使用的主要账户

为了反映事业单位由于商品交易而开出、承兑的商业汇票的实际情况，应设置“应付票据”账户。该账户的贷方发生额，反映单位因购买材料、商品而开出、承兑的商业汇票；其借方发生额，反映已支付的商业汇票；期末贷方余额，反映尚未到期支付的商业汇票。

事业单位应当设置“应付票据备查簿”，详细登记每一应付票据的种类、号数、出票日期、到期日、票面金额、交易合同号、收款人姓名或单位名称，以及付款日期和金额等资料。应付票据到期结清票款后，应当在备查簿内逐笔注销。

2. 应付票据的核算

（1）商业汇票的相关核算。

①开出、承兑商业汇票时，作如下会计分录：

借：存货等

贷：应付票据

②以承兑商业汇票抵付应付账款时，作如下会计分录：

借：应付账款

贷：应付票据

③商业汇票到期，分情况作如下会计分录：

a. 收到银行支付到期票据的付款通知时：

借：应付票据

贷：银行存款

b. 商业承兑汇票到期，本单位无力支付票款，按照汇票票面金额：

借：应付票据

贷：应付账款

（2）银行承兑汇票的相关核算。

①支付银行承兑汇票的手续费时，作如下会计分录：

借：事业支出、经营支出等

贷：银行存款等

②银行承兑汇票到期，本单位无力支付票款的，按照汇票票面金额，作如下会计分录：

借：应付票据

贷：短期借款

（七）应付账款

1. 应付账款核算使用的主要账户

为了总括反映单位因购买材料、物资等而发生的应付账款及偿还情况，事业单位会计核算上应设置“应付账款”账户，该账户贷方反映单位应支付的款项；借方反映已支付或已转销或转作商业汇票结算方式的款项；期末贷方余额，反映事业单位尚未支付的应付款项。“应付账款”账户应按照债权单位（或个人）

设置明细账进行明细核算。

2. 应付账款的核算

（1）购入材料、物资等已验收入库，但货款尚未付的，按照应付未付金额，作如下会计分录：

借：存货等

　　贷：应付账款

（2）偿付应付账款时，作如下会计分录：

借：应付账款

　　贷：银行存款等

（3）开出、承兑商业汇票抵付应付账款时，作如下会计分录：

借：应付账款

　　贷：应付票据

（4）无法偿付或债权人豁免偿还的应付账款时，作如下会计分录：

借：应付账款

　　贷：其他收入

（八）预收账款

1. 预收账款核算使用的主要账户

事业单位应设置“预收账款”账户，用于核算其按照合同规定预收的款项，并应按债权单位（或个人）进行明细核算。“预收账款”账户的贷方反映预收的货款和补付的货款；借方反映应收的货款和退回多收的货款；本账户期末贷方余额反映事业单位按合同规定预收但尚未实际结算的款项。

2. 预收账款的核算

（1）从付款方预收款项时，作如下会计分录：

借：银行存款等

贷：预收账款

（2）确认有关收入时，作如下会计分录：

借：预收账款

银行存款等（补付货款）

贷：经营收入等

银行存款等（退回付款）

（3）无法偿付或债权人豁免偿还的预收账款时，作如下会计分录：

借：预收账款

贷：其他收入

（九）其他应付款

1. 其他应付款核算使用的账户

事业单位应设置“其他应付款”账户，本账户核算事业单位除应缴税费、应缴国库款、应缴财政专户款、应付职工薪酬、应付票据、应付账款、预收账款之外的其他各项偿还期限在1年内（含1年）的应付及暂收款项，如存入保证金等。该账户贷方反映应付或暂收其他单位或个人的款项；借方反映已经偿还给其他单位或个人的款项；期末贷方余额，反映事业单位尚未偿还其他单位或个人的其他应付款。本账户应按其他应付款的类别以及债权单位（或个人）设置明细账。

2. 其他应付款的核算

事业单位发生的其他各项应付、暂收款项，借记“银行存款”、“事业支出”、“经营支出”等科目，贷记“其他应付款”科目；支付时，借记“其他应付款”科目，贷记“银行存款”等科目。

无法偿付或债权人豁免偿还的其他应付款项，借记本科目，贷记“其他收入”科目。

【例4-5】 某事业单位发生如下业务：

(1) 经营租入一台机器设备一个月，应支付租赁费 5 000 元，作如下会计分录：

借：经营支出　　5 000

　　贷：其他应付款　　5 000

(2) 收取包装物的押金 1 000 元时，作如下会计分录：

借：银行存款　　1 000

　　贷：其他应付款　　1 000

第二节　非流动负债

《事业单位会计准则》第二十五条指出，事业单位的非流动负债是指流动负债以外的负债。事业单位的非流动负债包括长期借款、长期应付款等。

一、非流动负债相关科目内容比较

新、旧《事业单位会计制度》的非流动负债相关科目内容比较见表 4－2。

表 4－2　　新、旧事业单位会计制度非流动负债科目对照表

新《事业单位会计制度》		旧《事业单位会计制度》	
编号	名称	编号	名称
2401	长期借款	201	借入款项
2402	长期应付款		

《新会计制度》非流动负债的内容包括长期借款和长期应付款 2 个科目。《旧会计制度》没有根据流动性对负债进行划分。

新、旧《事业单位会计制度》在非流动负债方面的变化主要有三个方面：

第一，新制度将旧制度中的借入款项分为短期借款和长期借款，并在非流动负债里设置了“长期借款”科目，用于核算期限在1年以上（不含1年）的各种借款；同时，在流动负债里设置“短期借款”科目，用于核算期限在1年内（含1年）的各种借款。“短期借款”、“长期借款”两个科目核算的内容与旧制度中“借入款项”科目核算的内容基本相同。

第二，新制度增设“长期应付款”科目，用以核算事业单位发生的偿还期限超过1年（不含1年）的应付款项。

二、非流动负债的会计处理

（一）长期借款

为了让利益相关者更加清楚地了解事业单位财务状况的真实情况，便于作出各种信贷和投资决策，新制度中将原“借入款项”科目划分为“短期借款”和“长期借款”两个科目。

1. 长期借款核算使用的主要账户

根据新制度的要求，事业单位应设置“长期借款”账户，用于核算借入的期限在1年以上（不含1年）的各种借款。该账户贷方反映长期借款借入的本金金额；借方反映已偿还的长期借款本金金额；期末贷方余额反映尚未偿还的长期借款本金。本账户应当按照贷款单位和贷款种类进行明细核算。对于基建项目借款，还应按具体项目进行明细核算。

2. 长期借款的核算

（1）借入长期借款的核算。

①借入各项长期借款时，按照实际借入的金额，借记“银行存款”科目，贷记本科目。

②为购建固定资产支付的专门借款利息，分别以下情况处理：

a. 属于工程项目建设期间支付的，计入工程成本，按照支付的利息，借记“在建工程”科目，贷记“非流动资产基金——在建工程”科目；同时，借记“其他支出”科目，贷记“银行存款”科目。具体的账务处理参见“在建工程”科目。

b. 属于工程项目完工交付使用后支付的，计入当期支出但不计入工程成本，按照支付的利息，借记“其他支出”科目，贷记“银行存款”科目。

（2）支付长期借款利息的核算。

其他长期借款利息，按照支付的利息金额，借记“其他支出”科目，贷记“银行存款”科目。

（3）归还长期借款的核算。

归还长期借款时，借记本科目，贷记“银行存款”科目。

【例 4-6】 某事业单位 1 月 1 日从银行借入 1 年零 4 个月的借款 50 000 元，年利率为 12%，到期一次还本付息。借款用于事业单位事业支出。

（1）1 月 1 日借款时，会计分录为：

借：银行存款	50 000	
贷：长期借款		50 000

（2）5 月 1 日归还长期本金，并支付 1 年零 4 个月的利息 8 000元（$50\,000\times12\%+50\,000\times12\%\times4\div12$），会计分录为：

借：长期借款	50 000	
其他支出	8 000	
贷：银行存款		58 000

（二）长期应付款

长期应付款是指事业单位发生的偿还期限超过 1 年（不含 1 年）的应付款项。如以融资租赁租入固定资产的租赁费、跨年度分期付款购入固定资产的价款等。

1. 长期应付款核算使用的主要账户

为了具体反映事业单位发生的长期应付款的相关会计业务，新制度增设“长期应付款”账户。该账户属于负债类账户，其贷方登记长期应付款的发生额；借方登记已归还的长期应付款金额；期末余额在贷方，反映事业单位尚未支付的长期应付款。本账户应按照长期应付款的类别以及债权单位（或个人）进行明细核算。

2. 长期应付款的核算

（1）发生长期应付款时，借记“固定资产”、“在建工程”等科目，贷记本科目、“非流动资产基金”等科目。

（2）支付长期应付款时，借记“事业支出”、“经营支出”等科目，贷记“银行存款”等科目；同时，借记本科目，贷记“非流动资产基金”科目。

（3）无法偿付或债权人豁免偿还的长期应付款，借记本科目，贷记“其他收入”科目。

【例4-7】 某事业单位20×3年购入一台机器设备300 000元，跨年度分期付款，3年付清，每年年末支付100 000元。作会计分录如下：

（1）购入设备时：

借：固定资产　　300 000

　　贷：长期应付款　　300 000

（2）20×3年12月31日，20×4年12月31日，按规定支付货款时：

借：事业支出　　100 000

　　贷：银行存款　　100 000

同时：

借：长期应付款　　100 000

　　贷：非流动资产基金——固定资产　　100 000

第五章 事业单位收入的核算

第一节 收入概述

收入是指事业单位开展业务及其他活动依法取得的非偿还资金。事业单位的收入包括财政补助收入、事业收入、上级补助收入、附属单位上缴收入、经营收入和其他收入等。

按事业单位收入的取得方式划分，收入分为补助收入、业务活动收入和其他活动收入。

1. 补助收入，是政府财政部门、上级主管部门、其他政府机构给予事业单位的补助，包括财政补助收入和上级补助收入，不包括社会其他机构对事业单位的捐赠。补助收入是一项非交换交易收入，事业单位取得此项收入时不需要向对方支付现金、提供商品或服务，而是以向社会提供公益性服务或其他成果为回报。

2. 业务活动收入，是事业单位通过向社会提供商品、服务等而按规定收取的商品价款或服务费用，包括事业收入和经营收入。业务活动收入是一项交换交易收入，是事业单位按成本补偿或等价交换的原则取得的收入。事业单位的专业业务活动具有公益属性，但为了补偿其耗费可以按国家规定的价格收取一定数额的费用。事业单位可以开展经营活动，提供的商品或服务可以按市场价格收费，以弥补事业经费的不足。

3. 其他活动收入，是除补助收入、业务活动收入以外的收入，包括附属单位上缴收入和其他收入。事业单位除从事专业业务活动、经营业务活动外，还存在一些非日常性的活动，取得一定数额的收入。例如，事业单位收到附属单位上缴的款项、接受社会捐赠、资产出租收入等。

事业单位的收入按资金性质，分为财政性资金收入、非财政性资金收入；按限定性要求，分为基本支出补助和项目支出补助、专项资金收入和非专项资金收入。

第二节 收入相关科目比较

新、旧《事业单位会计制度》的收入相关科目内容比较见表5-1。

表5-1 新、旧《事业单位会计制度》收入相关科目比较

新《事业单位会计制度》		旧《事业单位会计制度》	
科目编号	名称	科目编号	名称
4001	财政补助收入	401	财政补助收入
4101	事业收入	405	事业收入
4201	上级补助收入	403	上级补助收入
4301	附属单位上缴收入	412	附属单位缴款
4401	经营收入	409	经营收入
4501	其他收入	413	其他收入

《新会计制度》收入的内容包括财政补助收入、事业收入、上级补助收入、附属单位上缴收入、经营收入和其他收入6个

科目。

新、旧《事业单位会计制度》在收入科目的设置和名称上基本一致（除新制度的“附属单位上缴收入”区别于旧制度的“附属单位缴款”），但各个科目在具体核算上发生了较大的变化，主要体现在各收入科目的年终结转核算方面：

第一，根据新制度的要求，年终结转时，不再把“财政补助收入”的贷方余额转入“事业结余”科目，而应把本科目本期发生额结转入“财政补助结转”科目。

第二，新制度要求年终对事业收入、上级补助收入、附属单位上缴收入和其他收入的明细科目进行分析，将以上各种收入本期发生额中的专项资金收入结转入“非财政补助结转”科目，将各种收入本期发生额中的非专项收入结转入“事业结余”科目，不再笼统地将以上各种收入的贷方余额直接结转至“事业结余”科目。

第三节　收入类相关科目的会计处理

一、财政补助收入

（一）财政补助收入核算使用的主要账户

事业单位应设置“财政补助收入”账户，用来核算其从同级财政部门取得的各类财政拨款，包括基本支出补助和项目支出补助。该账户属于收入类账户，贷方登记实际收到的财政补助收入数；借方登记财政补助收入的缴回款；平时该账户的贷方余额反映财政补助收入累积款。期末，将该账户的贷方余额全部转入“财政补助结转”科目，结转后，本账户无余额。

本账户应设置“基本支出”和“项目支出”两个明细账户；两个明细账户下按照《政府收支分类科目》中“支出功能分类”

的相关科目进行明细核算；同时在“基本支出”明细账户下按照“人员经费”和“日常公用经费”进行明细核算，在“项目支出”明细账户下按照具体项目进行明细核算。

（二）财政补助收入的核算

1. 收到财政补助收入的核算

（1）财政直接支付方式下收到财政补助收入的核算。

财政直接支付方式下，对财政直接支付的支出，事业单位根据财政国库支付执行机构委托代理银行转来的《财政直接支付入账通知书》及原始凭证，按照通知书中的直接支付入账金额，借记有关科目，贷记本科目。

年度终了，根据本年度财政直接支付预算指标数与当年财政直接支付实际支出数的差额作如下会计分录：

借：财政应返还额度——财政直接支付

　　贷：财政补助收入

（2）财政授权支付方式下收到财政补助收入的核算。

财政授权支付方式下，事业单位根据代理银行转来的《授权支付到账通知书》，按照通知书中的授权支付额度，作如下会计分录：

借：零余额账户用款额度

　　贷：财政补助收入

年度终了，事业单位本年度财政授权支付预算指标数大于零余额账户用款额度下达数的，根据未下达的用款额度，作如下会计分录：

借：财政应返还额度——财政授权支付

　　贷：财政补助收入

具体的账务处理可参阅“零余额账户用款额度”科目。

（3）以其他方式收到财政补助收入的核算。

其他方式下，实际收到财政补助收入时，按照实际收到的金额，作如下会计分录：

借：银行存款等

　　贷：财政补助收入

2. 因购货退回等发生的国库直接支付款项退回的核算

（1）退回以前年度支付的款项，按照退回金额，作如下会计分录：

借：财政应返还额度

　　贷：财政补助结转 或 财政补助结余 或 存货等

（2）退回本年度支付的款项，按照退回金额，作如下会计分录：

借：财政补助收入

　　贷：事业支出 或 存货等

3. 财政补助收入期末结转的核算

期末，将本科目本期发生额转入财政补助结转，作如下会计分录：

借：财政补助收入

　　贷：财政补助结转

具体的账务处理参见净资产类科目。

二、事业收入

（一）事业收入核算使用的主要账户

事业单位应设置“事业收入”账户，用来核算事业单位开展专业业务活动及其辅助活动取得的收入。该账户属于收入类账户，贷方登记事业单位取得的事业收入；借方登记收入退回数；平时贷方余额反映事业收入的累计数额。期末，将本账户本期发生额中的专项资金收入结转入“非财政补助结转”账户；将本账户本期发生额中的非专项资金收入结转入“事业结余”账户。

期末结账后，本科目应无余额。

本账户应当按照事业收入类别、项目、《政府收支分类科目》中“支出功能分类”相关科目等进行明细核算。事业收入中如有专项资金收入，还应按具体项目进行明细核算。

（二）事业收入的核算

1. 发生采用财政专户返还方式管理的事业收入的核算

（1）收到应上缴财政专户的事业收入时，按照收到的款项金额，作如下会计分录：

借：银行存款 或 库存现金等

　　贷：应缴财政专户款等

（2）向财政专户上缴款项时，按照实际上缴的款项金额，作如下会计分录：

借：应缴财政专户款

　　贷：银行存款等

（3）收到从财政专户返还的事业收入时，作如下会计分录：

借：银行存款等

　　贷：事业收入

【例5-2】假定某事业单位的A收入实行财政专户返还方式管理办法，按收入总额的50%比例返还给该单位。20×3年9月发生如下业务：

（1）1日收到A收入8 000 000元，款项当日送存银行，会计分录为：

借：银行存款	8 000 000	
贷：应缴财政专户款		8 000 000

（2）5日事业单位按规定将A收入送存财政专户。会计分录为：

借：应缴财政专户款	8 000 000	

贷：银行存款　　8 000 000

（3）10日，收到从财政专户返还的事业收入4 000 000元，会计分录为：

借：银行存款　　4 000 000

贷：事业收入　　4 000 000

2. 发生其他事业收入的核算

收到事业收入时，作如下会计分录：

借：银行存款 或 库存现金等

贷：事业收入

涉及增值税业务的，相关账务处理参照“经营收入”科目。

3. 期末结转本科目本期发生额的核算

（1）结转本期事业收入中专项资金收入，作如下会计分录：

借：事业收入

贷：非财政补助结转

（2）结转本期事业收入中非专项资金收入，作如下会计分录：

借：事业收入

贷：事业结余

三、上级补助收入

（一）上级补助收入核算使用的主要账户

事业单位应设置“上级补助收入”账户，用来核算事业单位从主管部门和上级单位取得的非财政补助收入。

本账户应当按照发放补助单位、补助项目、《政府收支分类科目》中“支出功能分类”相关科目等进行明细核算。上级补助收入中如有专项资金收入，还应按具体项目进行明细核算。

年终，将本科目本期发生额中的专项资金收入结转入“非财政补助结转”账户；将本科目本期发生额中的非专项资金收入结转入“事业结余”账户。

（二）上级补助收入的核算

1. 收到上级补助收入时，作如下会计分录：

借：银行存款等

　　贷：上级补助收入

2. 期末结转本期发生额的核算

（1）期末结转本科目本期发生额中专项资金收入时，作如下会计分录：

借：上级补助收入

　　贷：非财政补助结转

（2）期末结转本科目本期发生额中非专项资金收入时，作如下会计分录：

借：上级补助收入

　　贷：事业结余

四、附属单位上缴收入

附属单位上缴收入是指事业单位附属独立核算单位按照有关规定上缴的收入。

（一）附属单位上缴收入核算使用的主要账户

为了核算事业单位收到附属单位按规定缴来的款项，应设置“附属单位上缴收入”账户。该账户属于收入类账户，平时贷方登记增加数，反映实际收到的款项；借方登记减少数，反映其转入“事业结余”和“非财政补助结转”账户数以及发生的缴款退回数。平时贷方余额反映附属单位上缴收入的累计数额。年终，将本账户本期发生额中的专项资金收入结转入“非财政补助结转”账户；将本科目本期发生额中的非专项资金收入结转入“事业结余”账户。结转后，该账户无余额。

本账户应当按照附属单位、缴款项目、《政府收支分类科目》中“支出功能分类”相关科目等进行明细核算。附属单位上缴收入中如有专项资金收入，还应按具体项目进行明细核算。

（二）附属单位上缴收入的核算

1. 收到附属单位上缴款项的核算

收到附属单位缴来款项时，按照实际收到金额，借记“银行存款”等科目，贷记本科目。

2. 期末结转本科目本期发生额的核算

（1）结转本期事业收入中专项资金收入，作如下会计分录：

借：附属单位上缴收入

　　贷：非财政补助结转

（2）结转本期事业收入中非专项资金收入，作如下会计分录：

借：附属单位上缴收入

　　贷：事业结余

【例 5－3】某事业单位发生如下业务：

（1）收到所属独立核算的 R 单位缴来的利润 300 000 元，作如下会计分录：

借：银行存款	300 000	
贷：附属单位上缴收入——R 单位		300 000

（2）年终，该事业单位“附属单位上缴收入”账户贷方余额为 600 000 元，其中专项资金收入 400 000 元，非专项资金收入 200 000 元，作如下会计分录：

借：附属单位上缴收入	400 000	
贷：非财政补助结转		400 000
借：附属单位上缴收入	200 000	
贷：事业结余		200 000

五、经营收入

（一）经营收入核算使用的主要账户

事业单位应设置“经营收入”账户，用来核算事业单位在专业业务活动及其辅助活动之外开展非独立核算经营活动取得的收入。该账户属于收入类账户，贷方登记取得的经营收入；借方登记冲减的营业收入；平时该账户贷方余额反映经营收入累计数。年终结转时，将该账户贷方余额全数转入“经营结余”账户。期末结账后，该账户无余额。

本账户应当按照经营活动类别、项目、《政府收支分类科目》中“支出功能分类”相关科目等进行明细核算。

（二）经营收入的核算

1. 取得经营收入的核算

经营收入应当在提供服务或发出存货，同时收讫价款或者取得索取价款的凭据时，按照实际收到或应收的金额确认收入。

实现经营收入时，按照确定的收入金额，借记“银行存款”、“应收账款”、“应收票据”等科目，贷记本科目。

属于增值税小规模纳税人的事业单位实现经营收入，按实际出售价款，借记“银行存款”、“应收账款”、“应收票据”等科目，按出售价款扣除增值税额后的金额，贷记本科目，按应缴增值税金额，贷记“应缴税费——应缴增值税”科目。

属于增值税一般纳税人的事业单位实现经营收入，按包含增值税的价款总额，借记“银行存款”、“应收账款”、“应收票据”等科目，按扣除增值税销项税额后的价款金额，贷记本科目，按增值税专用发票上注明的增值税金额，贷记“应缴税费——应缴增值税（销项税额）”科目。

2. 期末结转本科目本期发生额的核算

期末，将本科目本期发生额转入经营结余，借记本科目，贷记“经营结余”科目。

【例5-4】 某事业单位（小规模纳税人，增值税按3%征收率计征）的非独立核算汽车队为社会提供汽车修理服务，取得修理劳务收入价税合计10 300元，款项已经收到并存入银行。作如下会计分录：

借：银行存款　　10 300

　贷：经营收入　　10 000

　　应缴税费——应缴增值税　　300

【例5-5】 年终结账，某事业单位全年累计经营收入账户余额200 000元。作如下会计分录：

借：经营收入　　200 000

　贷：经营结余　　200 000

六、其他收入

其他收入是指事业单位除财政补助收入、事业收入、上级补助收入、附属单位上缴收入、经营收入以外的各项收入，包括投资收益、银行存款利息收入、租金收入、捐赠收入、现金盘盈收入、存货盘盈收入、收回已核销应收及预付款项、无法偿付的应付及预收款项等。

（一）其他收入核算使用的主要账户

事业单位应设置“其他收入”账户核算上述收入之外的其他收入，该账户属于收入类账户，借方登记其他收入的退回及其期末转入“非财政补助结转”账户和“事业结余”账户中的数额，贷方登记取得的其他收入数额；该账户平时贷方余额，表示其他收入的累计余额。期末，将其专项资金收入部分转入“非财政补助结转”账户；将其非专项资金收入部分转入“事业结余”账户。

本账户应当按照其他收入的类别、《政府收支分类科目》中

“支出功能分类”相关科目等进行明细核算。对于事业单位对外投资实现的投资净损益，应单设“投资收益”明细账户进行核算；其他收入中如有专项资金收入（如限定用途的捐赠收入），还应按具体项目进行明细核算。

（二）其他收入的核算

1. 各种其他收入取得的核算

（1）取得投资收益的相关核算。

①对外投资持有期间收到利息、利润等时，按实际收到的金额，借记“银行存款”等科目，贷记本科目（投资收益）。

②出售或到期收回国债投资本息，按照实际收到的金额，借记“银行存款”等科目，按照出售或收回国债投资的成本，贷记“短期投资”、“长期投资”科目，按其差额，贷记或借记本科目（投资收益）。

（2）银行存款利息收入、租金收入的核算。

收到银行存款利息、资产承租人支付的租金，按照实际收到的金额，借记“银行存款”等科目，贷记本科目。

（3）接受捐赠收入的核算。

①接受捐赠现金资产，按照实际收到的金额，借记“银行存款”等科目，贷记本科目。

②接受捐赠的存货验收入库，按照确定的成本，借记“存货”科目，按照发生的相关税费、运输费等，贷记“银行存款”等科目，按照其差额，贷记本科目。

接受捐赠固定资产、无形资产等非流动资产，不通过本科目核算。

（4）现金盘盈收入的核算。

每日现金账款核对中如发现现金溢余，属于无法查明原因的部分，借记“库存现金”科目，贷记本科目。

（5）存货盘盈收入的核算。

盘盈的存货，按照确定的入账价值，借记“存货”科目，贷记本科目。

（6）收回已核销应收及预付款项的核算。

已核销应收账款、预付账款、其他应收款在以后期间收回的，按照实际收回的金额，借记“银行存款”等科目，贷记本科目。

（7）无法偿付的应付及预收款项的核算。

无法偿付或债权人豁免偿还的应付账款、预收账款、其他应付款及长期应付款，借记“应付账款”、“预收账款”、“其他应付款”、“长期应付款”等科目，贷记本科目。

2. 期末结转本科目本期发生额的核算

（1）结转本期本科目中专项资金收入，作如下会计分录：

借：其他收入

　　贷：非财政补助结转

（2）结转本期本科目中非专项资金收入，作如下会计分录：

借：其他收入

　　贷：事业结余

【例5-6】某事业单位发生如下经济业务：

（1）获得某企业未限定用途的捐赠款项100 000元，作如下会计分录：

借：银行存款　　100 000

　　贷：其他收入——捐赠收入　　100 000

（2）单位进行对外投资，年终分得利润200 000元，作如下会计分录：

借：银行存款　　200 000

　　贷：其他收入——投资收益　　200 000

（3）年终，该事业单位“其他收入”账户贷方余额1 000 000元，其中专项资金收入600 000元，非专项资金收入400 000元，作如下会计分录：

借：其他收入　　600 000

　　贷：非财政补助结转　　600 000

借：其他收入　　400 000

　　贷：事业结余　　400 000

第六章 事业单位支出的核算

第一节 支出概述

支出是指事业单位开展业务及其他活动发生的资金耗费和损失。事业单位的支出包括事业支出、对附属单位补助支出、上缴上级支出、经营支出和其他支出等。

事业单位的支出应当分类管理，按类型进行会计核算。

1. 按支出发生的环节，事业单位的支出分为业务活动支出和其他活动支出。业务活动支出是事业单位开展专业业务活动、经营业务活动及其相关辅助活动发生的支出，包括事业支出和经营支出。其他活动支出是事业单位业务活动支出以外的各项支出，主要包括对附属单位补助支出、上缴上级支出和其他支出。

2. 按支出资金的性质，事业单位的支出分为财政补助支出和非财政补助支出。财政补助支出是事业单位用财政补助收入安排的各项支出，主要发生在事业单位的事业支出中。非财政补助支出是事业单位用财政补助收入以外的资金安排的支出，包括用事业收入、上级补助收入、附属单位上缴收入、经营收入和其他收入等安排的支出。对附属单位补助支出、上缴上级支出、经营支出、其他支出属于非财政补助支出，事业支出既包括财政补助支出又包括非财政补助支出。

3. 按支出资金的限定性，事业单位的支出分为限定性支出和非限定性支出。限定性支出是用限定性收入安排的支出，非限定性支出是用非限定性收入安排的支出。财政补助支出一般区分为基本支出和项目支出，非财政补助支出一般区分为专项资金支出和非专项资金支出（其他资金支出）。

第二节 支出相关科目比较

新、旧《事业单位会计制度》的支出相关科目内容比较见表6－1。

表6－1 新、旧《事业单位会计制度》支出相关科目比较

新《事业单位会计制度》		旧《事业单位会计制度》	
科目编号	名称	科目编号	名称
5001	事业支出	501	拨出经费
		504	事业支出
		520	结转自筹基建
5101	上缴上级支出	516	上缴上级支出
5201	对附属单位补助支出	517	对附属单位补助
5301	经营支出	505	经营支出
		512	销售税金
5401	其他支出		

《新会计制度》支出类科目的内容包括事业支出、上缴上级支出、对附属单位补助支出、经营支出和其他支出等5个科目。《旧会计制度》支出类科目的内容包括拨出经费、事业支出、结转自筹基建、上缴上级支出、对附属单位补助、经营支出和销售

税金等7个科目。

新、旧《事业单位会计制度》在支出方面的变化较大，不仅在科目设置上有很大变化，而且在具体的核算上也发生重大调整，具体体现在：

第一，新制度增设“其他支出”科目，用以核算事业单位除事业支出、上缴上级支出、对附属单位补助支出、经营支出以外的各项支出。

第二，新制度要求年终对“事业支出”的明细科目进行分析，分情况结转入不同的净资产类科目：事业支出中财政补助支出结转至“财政补助结转”科目；非财政专项资金支出结转至“非财政补助结转”科目；其他资金支出结转至“事业结余”科目。而旧制度要求把本科目借方余额全数转入“事业结余”科目。

第三节　支出类相关科目的会计处理

一、事业支出

（一）事业支出核算使用的主要账户

为了核算事业单位开展专业业务活动及其辅助活动发生的基本支出和项目支出，事业单位应设置“事业支出”账户。期末，将本账户中财政补助支出本期发生额结转入“财政补助结转”账户，将本账户中非财政专项资金支出本期发生额结转入“非财政补助结转”账户，将本账户中其他资金支出本期发生额结转入“事业结余”账户。期末结账后，本科目应无余额。

本账户应当按照“基本支出”、“项目支出”，“财政补助支出”、“非财政专项资金支出”和“其他资金支出”等层级进行明细核算，并按照《政府收支分类科目》中“支出功能分类”

相关科目进行明细核算；“基本支出”和“项目支出”明细账户下应当按照《政府收支分类科目》中“支出经济分类”的款级科目进行明细核算；同时在“项目支出”明细账户下按照具体项目进行明细核算。

（二）事业支出的核算

1. 为从事专业业务活动及其辅助活动人员计提薪酬时，作如下会计分录：

借：事业支出

　　贷：应付职工薪酬等

具体账务处理可参阅“应付职工薪酬”科目。

2. 开展专业业务活动及其辅助活动领用存货时，按领用存货的实际成本，作如下会计分录：

借：事业支出

　　贷：存货

【例6-1】 事业单位从仓库领用甲材料一批，价值6 000元。根据“出库单”等凭证填制记账凭证，作如下会计分录：

借：事业支出——基本支出　　6 000

　　贷：存货——甲材料　　6 000

3. 开展专业业务活动及其辅助活动中发生的其他各项支出时，作如下会计分录：

借：事业支出

　　贷：库存现金 或 银行存款 或 零余额账户用款额度 或财政补助收入等

【例6-2】 事业单位开出转账支票一张20 000元，以支付办公楼维修费。根据有关凭证填制记账凭证，作如下会计分录：

借：事业支出　　20 000

　　贷：银行存款　　20 000

4. 期末结转时，作如下会计分录：

（1）结转事业支出中财政补助本期支出发生额

借：财政补助结转——基本支出结转
　　　　　　　　——项目支出结转
　　贷：事业支出——财政补助支出——基本支出
　　　　　　　　　　　　　　　　——项目支出
　　　　或事业支出——基本支出——财政补助支出
　　　　　　　　　——项目支出——财政补助支出

（2）结转事业支出中非财政专项资金支出本期发生额

借：非财政补助结转
　　贷：事业支出——非财政专项资金支出
　　　　或事业支出——项目支出——非财政专项资金支出

（3）结转事业支出中其他资金支出

借：事业结余
　　贷：事业支出——其他资金支出
　　　　或事业支出——基本支出——其他资金支出
　　　　　　　　　——项目支出——其他资金支出

二、上缴上级支出

上缴上级支出是指事业单位按照财政部门和主管部门的规定上缴上级单位的支出。

（一）上缴上级支出核算使用的主要账户

为了核算实行收入上缴办法的单位按规定的定额或比例上缴上级单位的支出，应设置“上缴上级支出”账户。该账户属于支出类账户，其借方登记上缴上级支出的增加数；贷方登记减少数或转入“事业结余”账户的数额；该账户平时余额在借方，反映上缴上级支出的累计数。期末“上缴上级支出”账户余额结转至“事业结余”账户后，该账户无余额。

(二) 上缴上级支出的核算

1. 按照规定将款项上缴上级单位时，作如下会计分录：

借：上缴上级支出

贷：银行存款等

2. 年终，将上缴上级支出本期发生额结转时，作如下会计分录：

借：事业结余

贷：上缴上级支出

三、对附属单位补助支出

对附属单位补助支出是指事业单位用财政补助收入之外的收入对附属单位补助发生的支出。

(一) 对附属单位补助支出核算使用的主要账户

为了核算对附属单位的补助，事业单位应设置“对附属单位补助支出”账户，该账户属于支出类账户，借方发生额反映对附属单位拨款数；贷方发生额反映对附属单位拨款的收回以及年终结账转出数额；该账户平时余额在借方，表示事业单位对其附属单位补助支出的累计数。期末结账后该账户应无余额。该账户应按接受补助的附属单位设置明细账。

本账户应当按照接受补助单位、补助项目、《政府收支分类科目》中“支出功能分类”相关科目等进行明细核算。

(二) 对附属单位补助支出的核算

事业单位发生对附属单位补助支出时，按照实际支出的金额，借记本科目，贷记“银行存款”等科目；年终结账时，应将“对附属单位补助支出”科目本期发生额转入“事业结余”科目，借记“事业结余”科目，贷记本科目。

【例6-3】 某事业单位发生如下对附属单位补助业务：

(1) 对附属K单位拨付补助款20 000元，对附属H单位拨付补助款 50 000 元，作如下会计分录：

借：对附属单位补助支出——K 单位　　20 000
　　　　　　　　　　——H 单位　　50 000
　　贷：银行存款　　70 000

（2）年终结账时，“对附属单位补助支出”账户余额 70 000 元，转入“事业结余”账户，作如下会计分录：

借：事业结余　　70 000
　　贷：对附属单位补助支出　　70 000

四、经营支出

（一）经营支出核算使用的主要账户

事业单位应设置“经营支出”账户，用于核算事业单位在专业业务活动及其辅助活动之外开展非独立核算经营活动发生的支出。该账户属于支出类账户，其借方反映支出增加数；贷方表示支出收回数；借方余额反映当期经营支出的累计数。期末，将本账户贷方余额结转“经营结余”的借方，结账后，该账户无余额。

事业单位开展非独立核算经营活动的，应当正确归集开展经营活动发生的各项费用数；无法直接归集的，应当按照规定的标准或比例合理分摊。事业单位的经营支出与经营收入应当配比。

（二）经营支出的核算

1. 为在专业业务活动及其辅助活动之外开展非独立核算经营活动人员计提薪酬时，作如下会计分录：

借：经营支出
　　贷：应付职工薪酬等

2. 在专业业务活动及其辅助活动之外开展非独立核算经营活动领用、发出存货时，按领用、发出存货的实际成本，作如下会计分录：

借：经营支出

　　贷：存货

3. 在专业业务活动及其辅助活动之外开展非独立核算经营活动中发生的其他各项支出，作如下会计分录：

借：经营支出

　　贷：库存现金 或 银行存款 或 应缴税费等

4. 期末，结转经营支出本期发生额时，作如下会计分录：

借：经营结余

　　贷：经营支出

【例 6－4】 某事业单位（一般纳税人）非独立核算的附属单位 20×3 年 10 月发生如下经济业务：

（1）计提产品销售人员工资 700 000 元时，作如下会计分录：

借：经营支出　　700 000

　　贷：应付职工薪酬　　700 000

（2）制造 A 产品，领用 C 材料 250 000 元时，作如下会计分录：

借：经营支出　　250 000

　　贷：存货——C 材料　　250 000

（3）销售 A 产品实现收入 320 000 元，A 产品适用税率为 17%，该产品成本为 280 000 元，作如下会计分录：

借：银行存款　　374 400

　　贷：经营收入　　320 000

　　　　应缴税费——应缴增值税（销项税额）　54 400

同时结转成本：

借：经营支出　　280 000

　　贷：存货　　280 000

（4）假设该单位当年未发生其他与“经营支出”科目相关的业务，期末，结转经营支出，作如下会计分录：

借：经营结余　　1 230 000

　　贷：经营支出　　1 230 000

五、其他支出

（一）其他支出核算使用的主要账户

为了核算事业单位除事业支出、上缴上级支出、对附属单位补助支出、经营支出以外的各项支出，如利息支出、捐赠支出、现金盘亏损失、资产处理损失、接受捐赠（调入）非流动资产发生的税费支出等，新制度规定事业单位增设“其他支出”科目。该账户属于支出类账户，其借方反映其他支出的增加数；贷方表示其他支出减少数；借方余额反映当期其他支出的累计数。期末结账后，该账户应无余额。

为了严控列支，“其他支出”科目应当按照其他支出的类别、《政府收支分类科目》中“支出功能分类”相关科目等进行明细核算。其他支出中如有专项资金支出，还应按具体项目进行核算。

（二）其他支出的核算

1. 事业单位支付利息支出的核算

事业单位在支付银行借款利息时，作如下会计分录：

借：其他支出

　　贷：银行存款

2. 事业单位发生捐赠支出的核算

（1）对外捐赠现金资产时，作如下会计分录：

借：其他支出

　　贷：银行存款等

（2）对外捐出存货时，作如下会计分录：

借：其他支出

　　贷：待处置资产损溢

对外捐赠固定资产、无形资产等非流动资产时，不通过本科目核算。

【例6-5】 事业单位20×3年2月2日发生如下对外捐赠业务：

（1）向新希望基金捐赠现金20 000元。

（2）向阳光福利院捐赠医疗设备、生活用品，总价值250 000元。

作会计分录如下：

借：其他支出　　　　270 000

　　贷：银行存款　　　　20 000

　　　　待处置资产损溢　　　　250 000

3. 事业单位发生现金盘亏损失的核算

每日现金账款核对中发生现金短缺无法查明原因时，报经批准后，作如下会计分录：

借：其他支出

　　贷：库存现金

4. 事业单位发生资产处置损失的核算

报经批准核销应收及预付款项、处置存货时，作如下会计分录：

借：其他支出

　　贷：待处置资产损溢

【例6-6】 事业单位批准核销某附属单位应收款项30 000元。作如下会计分录：

借：其他支出　　　　30 000

贷：待处置资产损溢　　　　　　　　　　　30 000

5. 事业单位接受捐赠（调入）非流动资产发生税费支出的核算

接受捐赠、无偿调入非流动资产发生相关税费、运输费时，作如下会计分录：

借：其他支出

　　贷：银行存款等

【例 6 -7】 事业单位无偿调入一台机器设备，用银行存款支付运输费 200 元，作如下会计分录：

借：其他支出　　　　　　　　　　　　200

　　贷：银行存款　　　　　　　　　　　　200

以固定资产、无形资产取得长期股权投资，所发生的相关税费计入本科目。具体账务处理参见“长期投资”科目。

6. 期末结转其他支出的核算

（1）结转本科目本期发生额中的专项资金支出时，作如下会计分录：

借：非财政补助结转

　　贷：其他支出——××项目

（2）结转本科目本期发生额中非专项资金支出时，作如下会计分录：

借：事业结余

　　贷：其他支出

第七章 事业单位净资产的核算

第一节 净资产的概述

净资产是指事业单位资产扣除负债后的余额。事业单位的净资产包括事业基金、非流动资产基金、专用基金、财政补助结转结余、非财政补助结转结余等。

一、基金类净资产

事业单位的基金是指事业单位按规定设置的有专门用途的净资产，主要包括事业基金、非流动资产基金和专用基金。

1. 事业基金

事业基金是指事业单位拥有的非限定用途的净资产，其来源主要为非财政补助结余扣除结余分配后滚存的金额。事业单位开展各项业务活动，必须有一定的资金作保障，事业基金是事业单位最基本的基金，主要用于事业单位的日常业务活动，平衡日常的收入与支出，弥补日常资金的不足，保证事业单位的正常运转。事业单位的各项基金按是否存在限制分为限定性基金和非限定性基金两种。限定性基金只能在规定的时间内使用，或限定用于规定的使用方向。事业基金则是一种非限定性基金，不限制基金的使用时间或具体用途，可以根据事业单位业务的需要灵活运用。

2. 非流动资产基金

非流动资产基金是指事业单位非流动资产占用的金额。事业单位为兼顾预算管理与财务管理对会计信息的需求，为每项非流动资产设置了基金项目，与非流动资产的净额相对应，既能将取得非流动资产付出的资金确认为支出，又能反映非流动资产的投资情况。事业单位的非流动资产基金包括长期投资基金、固定资产基金、在建工程基金、无形资产基金等。事业单位的非流动资产基金属于限定性基金，被各项非流动资产占用。

3. 专用基金

专用基金是指事业单位按规定提取或者设置的具有专门用途的净资产。事业单位开展各项业务活动需要有一定的资金作保证，在资金使用上需要统筹安排，兼顾各项业务活动的资金需要。但是，事业单位的有些业务活动有特殊的要求，需要有专门的渠道形成资金来源，并按规定的用途使用，为此事业单位设立了专用基金。事业单位的专用基金属于限定性基金，要求按规定用途使用。事业单位应当根据业务发展的需要，设立专用基金项目。目前，事业单位设立的专用基金主要有修购基金、职工福利基金和其他基金等。

二、结转和结余类净资产

结转和结余简称结转（余），是指事业单位一定期间收入与支出相抵后的余额。事业单位在各项业务活动中会取得一定的收入，发生一定的支出，要求根据预算收入的数额控制预算支出，达到一定期间的收入与支出的平衡。但收入与支出之间的平衡是相对的，事业单位的收入与支出会存在一定的差额，形成事业单位的结转（余）。事业单位不以盈利为目的，并不追求结余的数额，所以，结转（余）的数额不能过大，应当控制在当期收入总额的一定比例之内。

事业单位结转（余）净资产包括财政补助结转、财政补助结余、非财政补助结转、事业结余、经营结余和非财政补助结余分配。根据后续使用要求及性质的不同，结转（余）资金分为不同的种类。

1. 按后续的使用要求的不同，结转（余）资金分为结转资金和结余资金。

（1）结转资金是指当年预算已执行但未完成，或者因故未执行，下一年度需要按照原用途继续使用的资金。

（2）结余资金是指当年预算工作目标已完成，或者因故终止，当年剩余的资金。

2. 按资金性质的不同，结转（余）分为财政补助结转（余）和非财政补助结转（余）。

（1）财政补助结转（余）。财政补助结转（余）是指事业单位各项财政补助收入与其相关支出相抵后剩余滚存的、须按规定管理和使用的结转和结余资金，包括财政补助结转和财政补助结余。

①财政补助结转，是需要结转到下一年度按原用途继续使用的财政补助资金。根据部门预算管理的要求，财政补助结转分为基本支出结转和项目支出结转。基本支出结转是财政基本补助收入与财政基本补助支出相抵后的差额，项目支出结转是财政项目补助收入与财政项目补助支出相抵后的差额。财政补助结转资金一般结转下一年度继续使用，或按照同级财政部门的规定处理。

②财政补助结余，是已经完成预算工作目标的项目当年剩余的财政补助资金。因为基本经费收支差额按规定结转次年继续使用，全部列入财政补助结转项目中，所以财政补助结余即是项目支出结余。财政补助结余资金不结转到下年继续使用，应统筹用于编制以后年度部门预算，或按规定上缴或注销。

（2）非财政补助结转（余）。非财政补助结转（余）是指事业单位除财政补助收支以外的各项收入与各项支出相抵后的余额，包括非财政补助结转和非财政补助结余。

①非财政补助结转，是指事业单位除财政补助收支以外的各专项资金收入与其相关支出相抵后剩余滚存的、须按规定用途使用的结转资金。非财政补助结转资金按照规定结转下一年度继续使用。

②非财政补助结余，是指事业单位除财政补助收支以外的各非专项资金收入与各非专项资金支出相抵后的余额。非财政补助结余可以按照国家有关规定提取职工福利基金，剩余部分转为事业基金用于弥补以后年度单位收支差额。

非财政补助结余包括事业结余和经营结余。事业结余是指事业单位开展专业业务活动取得的收入与发生的支出之间的差额。经营结余是指事业单位开展非独立核算经营业务活动取得的收入与发生的支出之间的差额。

第二节　净资产相关科目比较

新、旧《事业单位会计制度》的净资产相关科目内容比较见表7－1。

表7－1　新、旧《事业单位会计制度》净资产相关科目比较

新《事业单位会计制度》		旧《事业单位会计制度》	
科目编号	名称	科目编号	名称
3001	事业基金	301	事业基金——一般基金

续表

新《事业单位会计制度》		旧《事业单位会计制度》	
科目编号	名称	科目编号	名称
3101	非流动资产基金	301	事业基金——投资基金
310101	长期投资	302	固定基金
310102	固定资产		
310103	在建工程		
310104	无形资产		
3201	专用基金	303	专用基金
3301	财政补助结转		
330101	基本支出结转		
330102	项目支出结转		
3302	财政补助结余		
3401	非财政补助结转	404	拨入专款
		502	拨出专款
		503	专款支出
3402	事业结余	306	事业结余
3403	经营结余	307	经营结余
3404	非财政补助结余分配	308	结余分配

《新会计制度》净资产的内容包括事业基金、非流动资产基金、专用基金、财政补助结转、财政补助结余、非财政补助结转、事业结余、经营结余和非财政补助结余分配9个科目。新、旧《事业单位会计制度》在净资产科目的设置上发生了重大的变化，主要体现在以下三个方面：

第一，“事业基金”科目不再划分一般基金和投资基金，同时本科目不再核算财政补助基本支出结转。

第二，增设“非流动资产基金”科目，并下设“长期投资”、“固定资产”、“在建工程”、“无形资产”等明细科目，用于核算事业单位长期投资、固定资产、在建工程、无形资产等非流动资产占用的金额，不再使用“事业基金——投资资金”、“固定基金”等科目核算。

第三，增设“财政补助结转”、“财政补助结余”、“非财政补助结转”等科目，有利于根据资金的不同性质来进行核算，实施监督。

第三节　净资产类相关科目的会计处理

一、事业基金

（一）事业基金核算使用的主要账户

事业单位应设置“事业基金”账户，用来核算事业单位拥有的非限定用途的净资产，主要为非财政补助结余扣除结余分配后滚存的金额。本账户贷方登记“非财政补助结余分配”账户转入数；借方登记冲减数；期末余额在贷方，反映事业单位历年积存的非限定用途的净资产的金额。

事业单位发生需要调整以前年度非财政补助结余的事项，通过“事业基金”账户核算。国家另有规定的，从其规定。

（二）事业基金的核算

1. 年末结转“非财政补助结余分配”余额形成的事业基金的核算

年末，将“非财政补助结余分配”科目余额转入事业基金，借记或贷记“非财政补助结余分配”科目，贷记或借记本科目。

【例7－1】 某事业单位年终“非财政补助结余分配”账户未分配余额为35 000元，结转“事业基金”账户，其会计分录为：

借：非财政补助结余分配　　　35 000

贷：事业基金　　　　　　　　　　　　35 000

2. 已完工项目非财政补助专项结余形成的事业基金的核算

年末，将留归本单位使用的非财政补助专项（项目已完成）剩余资金转入事业基金，借记“非财政补助结转——××项目”科目，贷记本科目。

【例 7-2】某事业单位某专项工程 A 项目完工后，按规定将非财政补助专款结余 18 000 元留归本单位使用。其会计分录为：

借：非财政补助结转——A 项目　　　　18 000

　　贷：事业基金　　　　　　　　　　　　18 000

3. 对外投资中形成的事业基金的核算

以货币资金取得长期股权投资、长期债券投资，按照实际支付的全部价款（包括购买价款以及税金、手续费等相关税费）作为投资成本，借记“长期投资”科目，贷记“银行存款”等科目；同时，按照投资成本金额，借记本科目，贷记“非流动资产基金——长期投资”科目。

4. 对外转让或到期收回长期债券投资本息形成事业基金的核算

对外转让或到期收回长期债券投资本息，按照实际收到的金额，借记“银行存款”等科目，按照收回长期投资的成本，贷记“长期投资”科目，按照其差额，贷记或借记“其他收入——投资收益”科目；同时，按照收回长期投资对应的非流动资产基金，借记“非流动资产基金——长期投资”科目，贷记本科目。

具体账务处理，可参阅“长期投资”科目。

二、非流动资产基金

（一）非流动资产基金核算使用的主要账户

新事业单位会计制度新增设了“非流动资产基金”账户。

该账户核算的内容主要包括事业单位长期投资、固定资产、在建工程、无形资产等非流动资产占用的金额。本账户贷方登记非流动资产基金增加数；借方登记减少数；期末余额在贷方，反映事业单位非流动资产占用的金额。

本账户应按核算的业务内容下设“长期投资”、“在建工程”、“固定资产”、“无形资产”等明细账户，进行明细核算。

（二）非流动资产基金的核算

1. 非流动资产基金增加的核算

非流动资产基金应当在取得长期投资、固定资产、在建工程、无形资产等非流动资产或发生相关支出时予以确认。

取得相关资产或发生相关支出时，借记“长期投资”、“固定资产”、“在建工程”、“无形资产”等科目，贷记本科目等有关科目；同时或待以后发生相关支出时，借记“事业支出”等有关科目，贷记“财政补助收入”、“零余额账户用款额度”、“银行存款”等科目。

【例7－3】 某事业单位购买一台设备，价款30 000元，已通过银行存款付讫，购买过程中没有发生其他支出。作如下会计分录：

借：固定资产　　　　30 000

　　贷：非流动资产基金——固定资产　　　　30 000

同时，

借：事业支出　　　　30 000

　　贷：银行存款　　　　30 000

2. 非流动资产基金减少的核算

（1）固定资产折旧、无形资产摊销冲减非流动资产基金的核算。

计提固定资产折旧、无形资产摊销时，按照计提的折旧、摊销金额，借记本科目（固定资产、无形资产），贷记“累计折旧”、“累计摊销”科目。

【例7-4】 某事业单位20×3年5月份固定资产折旧、无形资产摊销的情况如下：

机器设备计提折旧120元；

运输汽车计提折旧2 160元；

土地使用权摊销3 000元。

作会计分录如下：

借：非流动资产基金——固定资产　　2 280

　　　　　　　　　——无形资产　　3 000

　贷：累计折旧——机器设备　　　　　120

　　　　　　　——运输汽车　　　　2 160

　　　累计摊销——土地使用权　　　3 000

（2）处置相关资产冲销非流动资产基金的核算。

以固定资产、无形资产对外投资，按照评估价值加上相关税费作为投资成本，借记“长期投资”科目，贷记本科目（长期投资），按发生的相关税费，借记“其他支出”科目，贷记“银行存款”等科目；同时，按照投出固定资产、无形资产对应的非流动资产基金，借记本科目（固定资产、无形资产），按照投出资产已提折旧、摊销，借记“累计折旧”、“累计摊销”科目，按照投出资产的账面余额，贷记“固定资产”、“无形资产”科目。

出售或以其他方式处置长期投资、固定资产、无形资产，转入待处置资产时，借记“待处置资产损溢”、“累计折旧”（处置固定资产）或“累计摊销”（处置无形资产）科目，贷记“长期投资”、“固定资产”、“无形资产”等科目。实际处置时，借记本科目（有关资产明细科目），贷记“待处置资产损溢”科目。

三、专用资金

（一）专用基金核算使用的主要账户

事业单位应设置“专用基金”账户，用来核算按规定提取或者设置的具有专门用途的净资产，主要包括修购基金、职工福利基金等。该账户贷方登记单位按规定提取或设置的具有专门用途的基金；借方登记基金的使用或冲减数；期末贷方余额，反映事业单位专用基金余额。该账户应按专用基金的类别进行明细核算。

（二）专用基金的核算

1. 专用基金提取的核算

（1）提取修购基金的核算。

按规定提取修购基金的，按照提取金额，借记“事业支出”、“经营支出”科目，贷记本科目（修购基金）。

【例 7－5】 某事业单位年度事业收入为 150 万元，经营收入为 50 万元，提取修购基金比例分别为 8% 和 10%，共提取修购基金 17 万元，作如下会计分录：

借：事业支出　　120 000
　　经营支出　　50 000
　　贷：专用基金——修购基金　　170 000

（2）提取职工福利基金的核算。

年末，按规定从本年度非财政补助结余中提取职工福利基金的，按照提取金额，借记“非财政补助结余分配”科目，贷记本科目（职工福利基金）。

【例 7－6】 某事业单位年终结转后，非财政补助结余分配账户余额为 120 000 元，按 20% 的比例提取职工福利基金。作如下会计分录：

借：非财政补助结余分配——提取职工福利基金
　　24 000

贷：专项基金——职工福利基金 24 000

（3）提取、设置其他专用基金的核算。

若有按规定提取的其他专用基金，按照提取金额，借记有关支出科目或“非财政补助结余分配”等科目，贷记本科目。

若有按规定设置的其他专用基金，按照实际收到的基金金额，借记“银行存款”等科目，贷记本科目。

2. 专用基金使用的核算

按规定使用专用基金时，借记本科目，贷记“银行存款”等科目；使用专用基金形成固定资产的，还应借记“固定资产”科目，贷记“非流动资产基金——固定资产”科目。

【例 7－7】 某事业单位用修购基金 62 000 元购置 1 台机器设备，款已通过银行付讫，设备已投入使用。作如下会计分录：

借：专用基金——修购基金 62 000

贷：银行存款 62 000

同时，

借：固定资产 62 000

贷：非流动资产基金——固定资产 62 000

四、财政补助结转

“财政补助结转”是新制度增设的科目，用于核算事业单位滚存的财政补助结转资金，包括基本支出结转和项目支出结转。

（一）财政补助结转核算使用的主要账户

新制度针对财政补助资金设置了“财政补助结转”账户。本账户贷方反映财政补助结转增加数；借方反映减少数；期末贷方余额，反映事业单位财政补助结转资金数额。

本账户应设置“基本支出结转”、“项目支出结转”两个明细账户，并在“基本支出结转”明细账户下按照“人员经费”、“日常公用经费”进行明细核算；在“项目支出结转”明细账户下按照具体项目进行明细核算。本账户还应按照《政府收支分类科目》中的“支出功能分类科目”的相关科目进行明细核算。

事业单位发生需要调整以前年度财政补助结转的事项，通过本账户核算。

（二）财政补助结转的主要账务处理

1. 期末，将财政补助收入本期发生额结转入本科目，作如下会计分录：

借：财政补助收入——基本支出

——项目支出

贷：财政补助结转——基本支出结转

——项目支出结转

2. 将事业支出（财政补助支出）本期发生额结转入本科目，作如下会计分录：

借：财政补助结转——基本支出结转

——项目支出结转

贷：事业支出——财政补助支出（基本支出、项目支出）

或事业支出——基本支出（财政补助支出）

——项目支出（财政补助支出）

3. 年末，完成上述结转后，应当对财政补助各明细项目执行情况进行分析，按照有关规定将符合财政补助结余性质的项目余额转入财政补助结余。作如下会计分录（或作相反分录）：

借：财政补助结转——项目支出结转——（××项目）

贷：财政补助结余

或：借：财政补助结余

贷：财政补助结转——项目支出结转——（××项目）

4. 按规定上缴财政补助结转资金或注销财政补助结转额度的，按照实际上缴资金数额或注销的资金额度数额，作如下会计分录：

借：财政补助结转

　　贷：财政应返还额度 或 零余额账户用款额度 或 银行存款等

取得主管部门归集调入财政补助结转资金或额度的，作相反会计分录。

五、财政补助结余

“财政补助结余”是新制度增设的科目，用于核算事业单位滚存的财政补助项目支出结余资金。

（一）财政补助结余核算使用的主要账户

“财政补助结余”是新会计制度净资产类增设的账户，本账户贷方反映滚存财政补助项目支出结余资金的增加数；借方反映其减少数；期末贷方余额，反映事业单位财政补助结余资金数额。

本账户应按照《政府收支分类科目》中的“支出功能分类科目”的相关科目进行明细核算。

事业单位发生需要调整以前年度财政补助结余的事项，通过本账户核算。

（二）财政补助结余的主要账务处理

1. 年末，对财政补助各明细项目执行情况进行分析，按照有关规定将符合财政补助结余性质的项目余额转入财政补助结余。作如下会计分录（或作相反分录）：

借：财政补助结转——项目支出结转（××项目）

　　贷：财政补助结余

或：借：财政补助结余

　　　　贷：财政补助结转——项目支出结转（××项目）

2. 按规定上缴财政补助结余资金或注销财政补助结余额度的，按照实际上缴资金数额或注销的资金额度数额，作如下会计分录：

借：财政补助结余

贷：财政应返还额度 或 零余额账户用款额度 或 银行存款等

取得主管部门归集调入财政补助结余资金或额度的，作相反会计分录。

六、非财政补助结转

非财政补助结转也是新制度增设的科目，用于核算事业单位除财政补助收支以外的各专项资金收入与其相关支出相抵后剩余滚存的、须按规定用途使用的结转资金。

（一）非财政补助结转核算使用的主要账户

“非财政补助结转”是新会计制度净资产类增设的账户，本账户贷方反映滚存的且须按规定用途使用的非财政补助各专项资金的收支剩余的增加数；借方反映其减少数；本账户期末贷方余额，反映事业单位非财政补助专项结转资金数额。本账户应当按照非财政专项资金的具体项目进行明细核算。

事业单位发生需要调整以前年度非财政补助结转的事项，通过本账户核算。

（二）非财政补助结转的主要账务处理

1. 结转相关收入中专项资金收入的核算

期末，将事业收入、上级补助收入、附属单位上缴收入、其他收入本期发生额中的专项资金收入结转入本科目。作如下会计分录：

借：事业收入——××项目

上级补助收入——××项目

附属单位上缴收入——××项目

其他收入——××项目

贷：非财政补助结转

2. 结转相关支出中非财政专项资金支出的核算

将事业支出、其他支出本期发生额中的非财政专项资金支出结转入本科目。作如下会计分录：

借：非财政补助结转

贷：事业支出——非财政专项资金支出

或事业支出——项目支出（非财政专项资金支出）

其他支出（非财政专项资金支出）

3. 已完工项目剩余资金处理的核算

年末，完成上述结转后，应当对非财政补助专项结转资金各项目情况进行分析，将已完成项目的项目剩余资金区分以下情况处理：

（1）缴回原专项资金拨入单位的，作如下会计分录：

借：非财政补助结转——××项目

贷：银行存款

（2）留归本单位使用的，作如下会计分录：

借：非财政补助结转——××项目

贷：事业基金

七、事业结余

（一）事业结余核算使用的主要账户

事业单位应设置"事业结余"账户，核算一定期间除财政补助收支、非财政专项资金收支和经营收支以外各项收支相抵后的余额。本账户贷方反映事业结余的增加数；借方反映其减少数；期末余额一般在贷方，反映事业单位自年初至报告期末累计实现的事业结余；如果期末余额在借方，则反映事业单位自年初至报告期末累计发生的事业亏损。年末结账后，本账户应无余额。

（二）事业结余的核算

1. 期末，将事业收入、上级补助收入、附属单位上缴收入、其他收入本期发生额中的非专项资金收入结转入本科目，借记“事业收入”、“上级补助收入”、“附属单位上缴收入”、“其他收入”科目下各非专项资金收入明细科目，贷记本科目。具体会计分录如下：

借：事业收入（非专项资金收入）

上级补助收入（非专项资金收入）

附属单位上缴收入（非专项资金收入）

其他收入（非专项资金收入）

贷：事业结余

2. 期末，将事业支出、其他支出本期发生额中的非财政、非专项资金支出，以及对附属单位补助支出、上缴上级支出的本期发生额结转入本科目，借记本科目，贷记“事业支出——其他资金支出”或“事业支出——基本支出（其他资金支出）、项目支出（其他资金支出）”、“其他支出”科目下各非专项资金支出明细科目、“对附属单位补助支出”、“上缴上级支出”科目。会计分录如下：

借：事业结余

贷：事业支出（其他资金支出）

或事业支出——基本支出（其他资金支出）

——项目支出（其他资金支出）

其他支出（非专项资金支出）

对附属单位补助支出

上缴上级支出

3. 年末，完成上述结转后，将本科目余额结转入“非财政补助结余分配”科目，借记或贷记本科目，贷记或借记“非财政补助结余分配”科目。年末结账后，本科目应无余额。具体会计分录如下：

借：事业结余

　　贷：非财政补助结余分配

或：借：非财政补助结余分配

　　　　贷：事业结余

八、经营结余

（一）经营结余核算使用的主要账户

事业单位应设置“经营结余”账户，核算本单位一定期间各项经营收支相抵后余额弥补以前年度经营亏损后的余额。本账户贷方反映从经营收入账户转入数；借方反映从经营支出账户转入数以及年末结转至“非财政补助结余分配”数；本账户期末余额一般在贷方，反映事业单位自年初至报告期末累计实现的经营结余弥补以前年度经营亏损后的经营结余；如果期末余额在借方，则反映事业单位截至报告期末累计发生的经营亏损。

（二）经营结余的核算

1. 经营收支期末结转的核算

期末，将经营收入本期发生额结转入本科目，借记“经营收入”科目，贷记本科目；将经营支出本期发生额结转入本科目，借记本科目，贷记“经营支出”科目。具体会计分录如下：

借：经营收入

　　贷：经营结余

借：经营结余

　　贷：经营支出

2. 年末经营结余结转的核算

年末，完成上述结转后，如本科目为贷方余额，将本科目余额结转入“非财政补助结余分配”科目，借记本科目，贷记“非财政补助结余分配”科目；如本科目为借方余额，为经营亏损，不予结转。因此，年末结账后，本科目一般无余额；如为借方结余，反映事业单位累计发生的经营亏损。具体会计分录如下：

借：经营结余

　　贷：非财政补助结余分配

九、非财政补助结余分配

新事业单位会计制度增设了“非财政补助结余分配”账户，用来核算事业单位本年度非财政补助结余分配的情况和结果。年终，事业单位应当将当年“事业结余”和“经营结余”（贷方余额）结转入该账户贷方；将计算出的应缴所得税和提取的专用基金数计入该账户借方，实施分配后，该账户余额全部转入“事业基金”账户。年末结账后，本账户无余额。具体账务处理包括以下四项主要内容：

1. 年末，将“事业结余”科目余额结转入本科目，借记或贷记“事业结余”科目，贷记或借记本科目；将“经营结余”科目贷方余额结转入本科目，借记“经营结余”科目，贷记本科目。

2. 有企业所得税缴纳义务的事业单位计算出应缴纳的企业所得税，借记本科目，贷记“应缴税费——应缴企业所得税”科目。

3. 按照有关规定提取职工福利基金的，按照提取的金额，借记本科目，贷记“专用基金——职工福利基金”科目。

4. 年末，完成上述处理后，将本科目余额结转入事业基金，借记或贷记本科目，贷记或借记“事业基金”科目。

第八章
事业单位财务报表

第一节 财务报表概述

财务报表是对事业单位财务状况、事业成果、预算执行情况等的结构性表述。财务报表的重要作用包括：如实反映单位财务状况、事业成果、预算执行情况；解除管理层受托责任；提供决策有用的会计信息；增强透明度和公信力。

《新会计制度》规定，事业单位的财务报表由会计报表及其附注构成。会计报表包括资产负债表、收入支出表和财政补助收入支出表。其中，按照编报的时间不同，资产负债表和收入支出表可以分为月报和年报（财政补助收入支出表只有年报）。

与旧制度相比，新制度和新准则在财务报表方面的变化主要有三个方面：

第一，优化了资产负债表以及收入支出表的结构。其中，为了增强资产负债表结构的合理性，新准则明确了资产负债表由资产、负债和净资产三大要素构成，不再包括收入和支出。

第二，首次引入流动性分类标准，对资产和负债按照流动性进行分类。为了便于会计信息使用者开展对事业单位财务状况、财务风险等的分析和评价，新准则、新制度规定事业单位的资产和负债统一按流动性分为流动资产/非流动资产、流动负债/非流动负债。相应地，旧准则中的“对外投资”也划分为“短期投资”和“长期投资”。

第三，增加“财政补助收入支出表”。在事业单位会计报表体系中增加本表，兼顾了事业单位的实际情况，使事业单位的财务报告体系更为完整，以满足财务管理、预算管理等多方面的信息需求。

第二节 资产负债表

一、资产负债表的定义和作用

资产负债表是指反映事业单位在某一特定日期的财务状况的报表。资产负债表应当按照资产、负债和净资产分类列示。资产和负债应当分别流动资产和非流动资产、流动负债和非流动负债列示。

资产负债表可以向财务报表的使用者提供以下几方面的信息资料：

第一，提供某一日期资产的总额及其结构，表明事业单位拥有或控制的资源及其分布情况。

第二，提供某一日期的负债总额及其结构，表明事业单位未来需要用多少资产或劳务清偿债务。

第三，可以反映事业单位的净资产情况，据以判断资本的保值、增值情况以及对负债的保障程度。

此外，通过对资产负债表的分析，可以了解事业单位的财务能力，短期偿债能力和支付能力。若把前后期的资产负债表加以对照分析，还可以看出事业单位资产负债变化情况及财务状况的发展趋势。

二、资产负债表的格式

资产负债表分为左右两部分。左半部分反映事业单位的资产情况；右半部分反映其负债及净资产情况。其格式如表 8－1 所示。

表 8－1　　　　资产负债表

会事业 01 表

编制单位：　　　　＿＿年＿＿月＿＿日　　　　单位：元

资产	期末余额	年初余额	负债和净资产	期末余额	年初余额
流动资产：			流动负债：		
货币资金			短期借款		
短期投资			应缴税费		
财政应返还额度			应缴国库款		
应收票据			应缴财政专户款		
应收账款			应付职工薪酬		
预付账款			应付票据		
其他应收款			应付账款		
存货			预收账款		
其他流动资产			其他应付款		
流动资产合计			其他流动负债		
非流动资产：			流动负债合计		
长期投资			非流动负债：		
固定资产			长期借款		
固定资产原价			长期应付款		
减：累计折旧			非流动负债合计		
在建工程			负债合计		
无形资产			净资产：		

续表

资产	期末余额	年初余额	负债和净资产	期末余额	年初余额
无形资产原价			事业基金		
减：累计摊销			非流动资产基金		
待处置资产损溢			专用基金		
非流动资产合计			财政补助结转		
			财政补助结余		
			非财政补助结转		
			非财政补助结余		
			1. 事业结余		
			2. 经营结余		
			净资产合计		
资产总计			**负债和净资产总计**		

表 8－1 中的资产和负债类科目均是按其流动性由强到弱排列的。此外，资产负债表遵循了“资产＋费用（或支出）＝负债＋收入＋净资产”这一会计恒等式，所以，资产负债表的左方合计（资产合计）与右方合计（负债和净资产合计）是相等的，永远保持平衡。

三、资产负债表的编制方法

资产负债表各项目都设有两栏，即“年初余额”和“期末余额”。其中，“年初余额”栏内各项数字，应当根据上年年末资产负债表“期末余额”栏内数字填列。如果本年度资产负债表规定的各个项目的名称和内容同上年度不相一致，应对上年年末资产负债表各项目的名称和数字按照本年度的规定进行调整，填入本表“年初余额”栏内。

“期末余额”表示报告期末的状况，因而应根据截止报告月份的各项目的总账科目期末余额填列，具体填列方法如下：

1. 资产类项目

（1）“货币资金”项目，反映事业单位期末库存现金、银行存款和零余额账户用款额度的合计数。本项目应当根据“库存现金”、“银行存款”、“零余额账户用款额度”科目的期末余额合计填列。

（2）“其他流动资产”项目，反映事业单位除资产负债表中各项资产之外的其他流动资产，如将在1年内（含1年）到期的长期债券投资。本项目应当根据“长期投资”等科目的期末余额分析填列。

（3）“长期投资”项目，反映事业单位持有时间超过1年（不含1年）的股权和债权性质的投资。本项目应当根据“长期投资”科目期末余额减去其中将于1年内（含1年）到期的长期债券投资余额后的金额填列。

（4）“固定资产”项目，反映事业单位期末各项固定资产的账面价值。本项目应当根据“固定资产”科目期末余额减去“累计折旧”科目期末余额后的金额填列。

“固定资产原价”项目，反映事业单位期末各项固定资产的原价。本项目应当根据“固定资产”科目的期末余额填列。

“累计折旧”项目，反映事业单位期末各项固定资产的累计折旧。本项目应当根据“累计折旧”科目的期末余额填列。

（5）“无形资产”项目，反映事业单位期末持有的各项无形资产的账面价值。本项目应当根据“无形资产”科目期末余额减去“累计摊销”科目期末余额后的金额填列。

“无形资产原价”项目，反映事业单位期末持有的各项无形资产的原价。本项目应当根据“无形资产”科目的期末余额填列。

“累计摊销”项目，反映事业单位期末各项无形资产的累计摊销。本项目应当根据“累计摊销”科目的期末余额填列。

（6）“待处置资产损溢”项目，反映事业单位期末待处置资产的价值及处置损溢。本项目应当根据“待处置资产损溢”科目的期末借方余额填列；如“待处置资产损溢”科目期末为贷方余额，则以“-”号填列。

（7）“非流动资产合计”项目，按照“长期投资”、“固定资产”、“在建工程”、“无形资产”、“待处置资产损溢”科目金额的合计数填列。

2. 负债类科目

（1）“应缴税费”科目，反映事业单位应交未交的各种税费。本项目应当根据“应缴税费”科目的期末贷方余额填列；如“应缴税费”科目期末为借方余额，则以“-”号填列。

（2）“其他流动负债”项目，反映事业单位除资产负债表中各项负债之外的其他流动负债，如承担的将于1年内（含1年）偿还的长期负债。本项目应当根据“长期借款”、“长期应付款”等科目的期末余额分析填列。

（3）“长期借款”项目，反映事业单位借入的期限超过1年（不含1年）的各项借款本金。本项目应当根据“长期借款”科目的期末余额减去其中将于1年内（含1年）到期的长期借款余额后的金额填列。

（4）“长期应付款”项目，反映事业单位发生的偿还期限超过1年（不含1年）的各种应付款项。本项目应当根据“长期应付款”科目的期末余额减去其中将于1年内（含1年）到期的长期应付款余额后的金额填列。

3. 净资产类科目

（1）“非财政补助结余”项目，反映事业单位自年初至报告期末累计实现的非财政补助结余弥补以前年度经营亏损后的余额。本项目应当根据“事业结余”、“经营结余”科目的期末余额合计填列；如“事业结余”、“经营结余”科目的期末余额合计为亏损数，则以“-”号填列。在编制年度资产负债表时，本项目金额一般应为“0”；若不为“0”，本项目金额应为“经营结余”科目的借方余额（“-”号填列）。

（2）“事业结余”项目，反映事业单位自年初至报告期末累计实现的事业结余。本项目应当根据“事业结余”科目的期末余额填列；如“事业结余”科目的期末余额为亏损数，则以“-”号填列。在编制年度资产负债表时，本项目金额应为“0”。

（3）“经营结余”项目，反映事业单位自年初至报告期末累计实现的经营结余弥补以前年度经营亏损后的余额。本项目应当根据“经营结余”科目的期末余额填列；如“经营结余”科目的期末余额为亏损数，则以“-”号填列。在编制年度资产负债表时，本项目金额一般应为“0”；若不为“0”，本项目金额应为“经营结余”科目的期末借方余额（“-”号填列）。

除以上项目外，表中其他项目的填列直接根据对应的总账科目的期末余额填列即可。

第三节 收入支出表

一、收入支出表的定义

收入支出表是指反映事业单位在某一会计期间的事业成果及其分配情况的报表。收入支出表应当按照收入、支出的构成和非财政补助结余分配情况分项列示。通过收入支出表，可以判断事业单位的经营成果，评价事业单位的工作业绩。

二、收入支出表的格式

根据新制度编制的“收入支出表”在原“收入支出表”的基础上发生了较大的变化，新“收入支出表”的结构以多步式为主，其格式如表 8－2 所示。

表 8－2　　收入支出表

会事业 02 表

编制单位：　　＿＿＿年＿＿月　　单位：元

项目	本月数	本年累计数
一、本期财政补助结转结余		
财政补助收入		
减：事业支出（财政补助支出）		
二、本期事业结转结余		
（一）事业类收入		
1. 事业收入		
2. 上级补助收入		
3. 附属单位上缴收入		
4. 其他收入		
其中：捐赠收入		
减：（二）事业类支出		
1. 事业支出（非财政补助支出）		
2. 上缴上级支出		
3. 对附属单位补助支出		
4. 其他支出		
三、本期经营结余		
经营收入		
减：经营支出		
四、弥补以前年度亏损后的经营结余		

续表

项目	本月数	本年累计数
五、本年非财政补助结转结余		
减：非财政补助结转		
六、本年非财政补助结余		
减：应缴企业所得税		
减：提取专用基金		
七、转入事业基金		

三、收入支出表的编制方法

收入支出表各项目都设有两栏，即“本月数”和“本年累计数”。其中，“本月数”栏反映各项目的本月实际发生数。在编制年度收入支出表时，应当将本栏改为“上年数”栏，反映上年度各项目的实际发生数；如果本年度收入支出表规定的各个项目的名称和内容同上年度不一致，应对上年度收入支出表各项目的名称和数字按照本年度的规定进行调整，填入本年度收入支出表的“上年数”栏。

本表“本年累计数”栏反映各项目自年初起至报告期末止的累计实际发生数。编制年度收入支出表时，应当将本栏改为“本年数”。

本表“本月数”栏各项目的内容和填列方法具体如下：

1. 本期财政补助结转结余

（1）“本期财政补助结转结余”项目，反映事业单位本期财政补助收入与财政补助支出相抵后的余额。本项目应当按照本表中“财政补助收入”项目金额减去“事业支出（财政补助支出）”项目金额后的余额填列。

（2）“财政补助收入”项目，反映事业单位本期从同级财政部门取得的各类财政拨款。本项目应当根据“财政补助收入”科目的本期发生额填列。

（3）“事业支出（财政补助支出）”项目，反映事业单位本期使用财政补助发生的各项事业支出。本项目应当根据“事业支出——财政补助支出”科目的本期发生额填列，或者根据“事业支出——基本支出（财政补助支出）”、“事业支出——项目支出（财政补助支出）”科目的本期发生额合计填列。

2. 本期事业结转结余

（1）“本期事业结转结余”项目，反映事业单位本期除财政补助收支、经营收支以外的各项收支相抵后的余额。本项目应当按照本表中“事业类收入”项目金额减去“事业类支出”项目金额后的余额填列；如为负数，以“-”号填列。

（2）“事业类收入”项目，反映事业单位本期事业收入、上级补助收入、附属单位上缴收入、其他收入的合计数。本项目应当按照本表中“事业收入”、“上级补助收入”、“附属单位上缴收入”、“其他收入”项目金额的合计数填列。

（3）“事业类支出”项目，反映事业单位本期事业支出（非财政补助支出）、上缴上级支出、对附属单位补助支出、其他支出的合计数。本项目应当按照本表中“事业支出（非财政补助支出）”、“上缴上级支出”、“对附属单位补助支出”、“其他支出”项目金额的合计数填列。

3. 本期经营结余

（1）“本期经营结余”项目，反映事业单位本期经营收支相抵后的余额。本项目应当按照本表中“经营收入”项目金额减去“经营支出”项目金额后的余额填列；如为负数，以“-”号填列。

（2）“经营收入”项目，反映事业单位在专业业务活动及其辅助活动之外开展非独立核算经营活动取得的收入。本项目应当根据“经营收入”科目的本期发生额填列。

（3）“经营支出”项目，反映事业单位在专业业务活动及其辅助活动之外开展非独立核算经营活动发生的支出。本项目应当根据“经营支出”科目的本期发生额填列。

4. 弥补以前年度亏损后的经营结余

“弥补以前年度亏损后的经营结余”项目，反映事业单位本年度实现的经营结余扣除本年初未弥补经营亏损后的余额。本项目应当根据“经营结余”科目年末转入“非财政补助结余分配”科目前的余额填列；如该年末余额为借方余额，以“-”号填列。

5. 本年非财政补助结转结余

（1）“本年非财政补助结转结余”项目，反映事业单位本年除财政补助结转结余之外的结转结余金额。如本表中“弥补以前年度亏损后的经营结余”项目为正数，本项目应当按照本表中“本期事业结转结余”、“弥补以前年度亏损后的经营结余”项目金额的合计数填列；如为负数，以“-”号填列。如本表中“弥补以前年度亏损后的经营结余”项目为负数，本项目应当按照本表中“本期事业结转结余”项目金额填列；如为负数，以“-”号填列。

（2）“非财政补助结转”项目，反映事业单位本年除财政补助收支外的各专项资金收入减去各专项资金支出后的余额。本项目应当根据“非财政补助结转”科目本年贷方发生额中专项资金收入转入金额合计数减去本年借方发生额中专项资金支出转入金额合计数后的余额填列。

6. 本年非财政补助结余

（1）“本年非财政补助结余”项目，反映事业单位本年除财政补助之外的其他结余金额。本项目应当按照本表中“本年非财政补助结转结余”项目金额减去“非财政补助结转”项目金额后的金额填列；如为负数，以“-”号填列。

（2）“应缴企业所得税”项目，反映事业单位按照税法规定应缴纳的企业所得税金额。本项目应当根据“非财政补助结余分配”科目的本年发生额分析填列。

（3）“提取专用基金”项目，反映事业单位本年按规定提取的专业基金金额。本项目应当根据“非财政补助结余分配”科目的本年发生额分析填列。

7. 转入事业基金

“转入事业基金”项目，反映事业单位本年按规定转入事业基金的非财政补助结余资金。本项目应当按照本表中“本年非财政补助结余”项目金额减去“应缴企业所得税”、“提取专用基金”项目金额后的余额填列；如为负数，以“-”号填列。

上述4至7所列的7个项目，只有在编制年度收入支出表时才填列；编制月度收入支出表时，可以不设置此7个项目。

第四节　财政补助收入支出表

一、财政补助收入支出表的定义

财政补助收入支出表是指反映事业单位在某一会计期间财政补助收入、支出、结转及结余情况的报表。

二、财政补助收入表的格式

“财政补助收入支出表”是新制度为兼顾事业单位的实际情况，满足财务管理、预算管理等多方面的信息需求，在事业单位会计报表体系中新增的会计报表，其格式如表8-3所示。

表 8-3　财政补助收入支出表

会事业 03 表

编制单位：　　______年度　　单位：元

项目	本年数	上年数
一、年初财政补助结转结余		
（一）基本支出结转		
1. 人员经费		
2. 日常公用经费		
（二）项目支出结转		
××项目		
（三）项目支出结余		
二、调整年初财政补助结转结余		
（一）基本支出结转		
1. 人员经费		
2. 日常公用经费		
（二）项目支出结转		
××项目		
（三）项目支出结余		
三、本年归集调入财政补助结转结余		
（一）基本支出结转		
1. 人员经费		
2. 日常公用经费		
（二）项目支出结转		
××项目		
（三）项目支出结余		
四、本年上缴财政补助结转结余		
（一）基本支出结转		
1. 人员经费		
2. 日常公用经费		

续表

项目	本年数	上年数
（二）项目支出结转		
××项目		
（三）项目支出结余		
五、本年财政补助收入		
（一）基本支出		
1. 人员经费		
2. 日常公用经费		
（二）项目支出		
××项目		
六、本年财政补助支出		
（一）基本支出		
1. 人员经费		
2. 日常公用经费		
（二）项目支出		
××项目		
七、年末财政补助结转结余		
（一）基本支出结转		
1. 人员经费		
2. 日常公用经费		
（二）项目支出结转		
××项目		
（三）项目支出结余		

三、财政补助收入支出表的编制方法

财政补助收入支出表各项目都设有两栏，即“上年数”和“本年数”。其中，“上年数”栏内各项数字，应当根据上年度财政补助收入支出表“本年数”栏内数字填列。

本表“本年数”栏各项目的内容和填列方法如下：

1. “年初财政补助结转结余”项目及其所属各明细项目，反映事业单位本年初财政补助结转和结余余额。各项目应当根据上年度财政补助收入支出表中“年末财政补助结转结余”项目及其所属各明细项目“本年数”栏的数字填列。

2. “调整年初财政补助结转结余”项目及其所属各明细项目，反映事业单位因本年发生需要调整以前年度财政补助结转结余的事项，而对年初财政补助结转结余的调整金额。各项目应当根据“财政补助结转”、“财政补助结余”科目及其所属明细科目的本年发生额分析填列。如调整减少年初财政补助结转结余，以“－”号填列。

3. “本年归集调入财政补助结转结余”项目及其所属各明细项目，反映事业单位本年度取得主管部门归集调入的财政补助结转结余资金或额度金额。各项目应当根据“财政补助结转”、“财政补助结余”科目及其所属明细科目的本年发生额分析填列。

4. “本年上缴财政补助结转结余”项目及其所属各明细项目，反映事业单位本年度按规定实际上缴的财政补助结转结余资金或额度金额。各项目应当根据“财政补助结转”、“财政补助结余”科目及其所属明细科目的本年发生额分析填列。

5. “本年财政补助收入”项目及其所属各明细项目，反映事业单位本年度从同级财政部门取得的各类财政拨款金额。各项目应当根据“财政补助收入”科目及其所属明细科目的本年发生额填列。

6. “本年财政补助支出”项目及其所属各明细项目，反映事业单位本年度发生的财政补助支出金额。各项目应当根据“事业支出”科目所属明细科目本年发生额中的财政补助支出数填列。

7.“年末财政补助结转结余”项目及其所属各明细项目，反映事业单位截至本年末的财政补助结转和结余余额。各项目应当根据“财政补助结转”、“财政补助结余”科目及其所属明细科目的年末余额填列。

第五节　附注

附注是指对在会计报表中列示项目的文字描述或明细资料，以及对未能在会计报表中列示项目的说明等。

事业单位的会计报表附注至少应当披露下列内容：

1. 遵循《事业单位会计准则》、《事业单位会计制度》的声明；

2. 单位整体财务状况、业务活动情况的说明；

3. 会计报表中列示的重要项目的进一步说明，包括其主要构成、增减变动情况等；

4. 重要资产处置情况的说明；

5. 重大投资、借款活动的说明；

6. 以名义金额计量的资产名称、数量等情况，以及以名义金额计量理由的说明；

7. 以前年度结转结余调整情况的说明；

8. 有助于理解和分析会计报表需要说明的其他事项。

附录一

事业单位会计准则

2012 年 12 月 6 日 中华人民共和国财政部令第 72 号

第一章 总 则

第一条 为了规范事业单位的会计核算，保证会计信息质量，促进公益事业健康发展，根据《中华人民共和国会计法》等有关法律、行政法规，制定本准则。

第二条 本准则适用于各级各类事业单位。

第三条 事业单位会计制度、行业事业单位会计制度（以下统称会计制度）等，由财政部根据本准则制定。

第四条 事业单位会计核算的目标是向会计信息使用者提供与事业单位财务状况、事业成果、预算执行等有关的会计信息，反映事业单位受托责任的履行情况，有助于会计信息使用者进行社会管理、作出经济决策。

事业单位会计信息使用者包括政府及其有关部门、举办（上级）单位、债权人、事业单位自身和其他利益相关者。

第五条 事业单位应当对其自身发生的经济业务或者事项进行会计核算。

第六条 事业单位会计核算应当以事业单位各项业务活动持续正常地进行为前提。

第七条 事业单位应当划分会计期间，分期结算账目和编制财务会计报告（又称财务报告，下同）。

会计期间至少分为年度和月度。会计年度、月度等会计期间的起讫日期采用公历日期。

第八条 事业单位会计核算应当以人民币作为记账本位币。发生外币业务时，应当将有关外币金额折算为人民币金额计量。

第九条 事业单位会计核算一般采用收付实现制；部分经济业务或者事项采用权责发生制核算的，由财政部在会计制度中具体规定。

行业事业单位的会计核算采用权责发生制的，由财政部在相关会计制度中规定。

第十条 事业单位会计要素包括资产、负债、净资产、收入、支出或者费用。

第十一条 事业单位应当采用借贷记账法记账。

第二章 会计信息质量要求

第十二条 事业单位应当以实际发生的经济业务或者事项为依据进行会计核算，如实反映各项会计要素的情况和结果，保证会计信息真实可靠。

第十三条 事业单位应当将发生的各项经济业务或者事项统一纳入会计核算，确保会计信息能够全面反映事业单位的财务状况、事业成果、预算执行等情况。

第十四条 事业单位对于已经发生的经济业务或者事项，应当及时进行会计核算，不得提前或者延后。

第十五条 事业单位提供的会计信息应当具有可比性。

同一事业单位不同时期发生的相同或者相似的经济业务或者事项，应当采用一致的会计政策，不得随意变更。确需变更的，应当将变更的内容、理由和对单位财务状况及事业成果的影响在附注中予以说明。

同类事业单位中不同单位发生的相同或者相似的经济业务或

者事项，应当采用统一的会计政策，确保同类单位会计信息口径一致，相互可比。

第十六条 事业单位提供的会计信息应当与事业单位受托责任履行情况的反映、会计信息使用者的管理、决策需要相关，有助于会计信息使用者对事业单位过去、现在或者未来的情况作出评价或者预测。

第十七条 事业单位提供的会计信息应当清晰明了，便于会计信息使用者理解和使用。

第三章 资 产

第十八条 资产是指事业单位占有或者使用的能以货币计量的经济资源，包括各种财产、债权和其他权利。

第十九条 事业单位的资产按照流动性，分为流动资产和非流动资产。

流动资产是指预计在1年内（含1年）变现或者耗用的资产。

非流动资产是指流动资产以外的资产。

第二十条 事业单位的流动资产包括货币资金、短期投资、应收及预付款项、存货等。

货币资金包括库存现金、银行存款、零余额账户用款额度等。

短期投资是指事业单位依法取得的，持有时间不超过1年（含1年）的投资。

应收及预付款项是指事业单位在开展业务活动中形成的各项债权，包括财政应返还额度、应收票据、应收账款、其他应收款等应收款项和预付账款。

存货是指事业单位在开展业务活动及其他活动中为耗用而储存的资产，包括材料、燃料、包装物和低值易耗品等。

第二十一条 事业单位的非流动资产包括长期投资、在建工程、固定资产、无形资产等。

长期投资是指事业单位依法取得的，持有时间超过1年（不含1年）的各种股权和债权性质的投资。

在建工程是指事业单位已经发生必要支出，但尚未完工交付使用的各种建筑（包括新建、改建、扩建、修缮等）和设备安装工程。

固定资产是指事业单位持有的使用期限超过1年（不含1年），单位价值在规定标准以上，并在使用过程中基本保持原有物质形态的资产，包括房屋及构筑物、专用设备、通用设备等。单位价值虽未达到规定标准，但是耐用时间超过1年（不含1年）的大批同类物资，应当作为固定资产核算。

无形资产是指事业单位持有的没有实物形态的可辨认非货币性资产，包括专利权、商标权、著作权、土地使用权、非专利技术等。

第二十二条 事业单位的资产应当按照取得时的实际成本进行计量。除国家另有规定外，事业单位不得自行调整其账面价值。

应收及预付款项应当按照实际发生额计量。

以支付对价方式取得的资产，应当按照取得资产时支付的现金或者现金等价物的金额，或者按照取得资产时所付出的非货币性资产的评估价值等金额计量。

取得资产时没有支付对价的，其计量金额应当按照有关凭据注明的金额加上相关税费、运输费等确定；没有相关凭据的，其计量金额比照同类或类似资产的市场价格加上相关税费、运输费等确定；没有相关凭据、同类或类似资产的市场价格也无法可靠取得的，所取得的资产应当按照名义金额入账。

第二十三条 事业单位对固定资产计提折旧、对无形资产进行摊销的，由财政部在相关财务会计制度中规定。

第四章 负 债

第二十四条 负债是指事业单位所承担的能以货币计量，需要以资产或者劳务偿还的债务。

第二十五条 事业单位的负债按照流动性，分为流动负债和非流动负债。

流动负债是指预计在1年内（含1年）偿还的负债。

非流动负债是指流动负债以外的负债。

第二十六条 事业单位的流动负债包括短期借款、应付及预收款项、应付职工薪酬、应缴款项等。

短期借款是指事业单位借入的期限在1年内（含1年）的各种借款。

应付及预收款项是指事业单位在开展业务活动中发生的各项债务，包括应付票据、应付账款、其他应付款等应付款项和预收账款。

应付职工薪酬是指事业单位应付未付的职工工资、津贴补贴等。

应缴款项是指事业单位应缴未缴的各种款项，包括应当上缴国库或者财政专户的款项、应缴税费，以及其他按照国家有关规定应当上缴的款项。

第二十七条 事业单位的非流动负债包括长期借款、长期应付款等。

长期借款是指事业单位借入的期限超过1年（不含1年）的各种借款。

长期应付款是指事业单位发生的偿还期限超过1年（不含1年）的应付款项，主要指事业单位融资租入固定资产发生的应付租赁款。

第二十八条 事业单位的负债应当按照合同金额或实际发生额进行计量。

第五章 净资产

第二十九条 净资产是指事业单位资产扣除负债后的余额。

第三十条 事业单位的净资产包括事业基金、非流动资产基金、专用基金、财政补助结转结余、非财政补助结转结余等。

事业基金是指事业单位拥有的非限定用途的净资产，其来源主要为非财政补助结余扣除结余分配后滚存的金额。

非流动资产基金是指事业单位非流动资产占用的金额。

专用基金是指事业单位按规定提取或者设置的具有专门用途的净资产。

财政补助结转结余是指事业单位各项财政补助收入与其相关支出相抵后剩余滚存的、须按规定管理和使用的结转和结余资金。

非财政补助结转结余是指事业单位除财政补助收支以外的各项收入与各项支出相抵后的余额。其中，非财政补助结转是指事业单位除财政补助收支以外的各专项资金收入与其相关支出相抵后剩余滚存的、须按规定用途使用的结转资金；非财政补助结余是指事业单位除财政补助收支以外的各非专项资金收入与各非专项资金支出相抵后的余额。

第三十一条 事业基金、非流动资产基金、专用基金、财政补助结转结余、非财政补助结转结余等净资产项目应当分项列入资产负债表。

第六章 收　入

第三十二条 收入是指事业单位开展业务及其他活动依法取得的非偿还性资金。

第三十三条 事业单位的收入包括财政补助收入、事业收入、上级补助收入、附属单位上缴收入、经营收入和其他收入等。

财政补助收入是指事业单位从同级财政部门取得的各类财政拨款，包括基本支出补助和项目支出补助。

事业收入是指事业单位开展专业业务活动及其辅助活动取得的收入。其中：按照国家有关规定应当上缴国库或者财政专户的资金，不计入事业收入；从财政专户核拨给事业单位的资金和经核准不上缴国库或者财政专户的资金，计入事业收入。

上级补助收入是指事业单位从主管部门和上级单位取得的非财政补助收入。

附属单位上缴收入是指事业单位附属独立核算单位按照有关规定上缴的收入。

经营收入是指事业单位在专业业务活动及其辅助活动之外开展非独立核算经营活动取得的收入。

其他收入是指财政补助收入、事业收入、上级补助收入、附属单位上缴收入和经营收入以外的各项收入，包括投资收益、利息收入、捐赠收入等。

第三十四条 事业单位的收入一般应当在收到款项时予以确认，并按照实际收到的金额进行计量。

采用权责发生制确认的收入，应当在提供服务或者发出存货，同时收讫价款或者取得索取价款的凭据时予以确认，并按照实际收到的金额或者有关凭据注明的金额进行计量。

第七章 支出或者费用

第三十五条 支出或者费用是指事业单位开展业务及其他活动发生的资金耗费和损失。

第三十六条 事业单位的支出或者费用包括事业支出、对附属单位补助支出、上缴上级支出、经营支出和其他支出等。

事业支出是指事业单位开展专业业务活动及其辅助活动发生的基本支出和项目支出。

对附属单位补助支出是指事业单位用财政补助收入之外的收入对附属单位补助发生的支出。

上缴上级支出是指事业单位按照财政部门和主管部门的规定上缴上级单位的支出。

经营支出是指事业单位在专业业务活动及其辅助活动之外开展非独立核算经营活动发生的支出。

其他支出是指事业支出、对附属单位补助支出、上缴上级支出和经营支出以外的各项支出，包括利息支出、捐赠支出等。

第三十七条 事业单位开展非独立核算经营活动的，应当正确归集开展经营活动发生的各项费用数；无法直接归集的，应当按照规定的标准或比例合理分摊。

事业单位的经营支出与经营收入应当配比。

第三十八条 事业单位的支出一般应当在实际支付时予以确认，并按照实际支付金额进行计量。

采用权责发生制确认的支出或者费用，应当在其发生时予以确认，并按照实际发生额进行计量。

第八章 财务会计报告

第三十九条 财务会计报告是反映事业单位某一特定日期的财务状况和某一会计期间的事业成果、预算执行等会计信息的文件。

第四十条 事业单位的财务会计报告包括财务报表和其他应当在财务会计报告中披露的相关信息和资料。

第四十一条 财务报表是对事业单位财务状况、事业成果、预算执行情况等的结构性表述。财务报表由会计报表及其附注构成。

会计报表至少应当包括下列组成部分：

（一）资产负债表；

（二）收入支出表或者收入费用表；

（三）财政补助收入支出表。

第四十二条 资产负债表是指反映事业单位在某一特定日期的财务状况的报表。

资产负债表应当按照资产、负债和净资产分类列示。资产和负债应当分别流动资产和非流动资产、流动负债和非流动负债列示。

第四十三条 收入支出表或者收入费用表是指反映事业单位在某一会计期间的事业成果及其分配情况的报表。

收入支出表或者收入费用表应当按照收入、支出或者费用的构成和非财政补助结余分配情况分项列示。

第四十四条 财政补助收入支出表是指反映事业单位在某一会计期间财政补助收入、支出、结转及结余情况的报表。

第四十五条 附注是指对在会计报表中列示项目的文字描述或明细资料，以及对未能在会计报表中列示项目的说明等。

附注至少应当包括下列内容：

（一）遵循事业单位会计准则、事业单位会计制度（行业事业单位会计制度）的声明；

（二）会计报表中列示的重要项目的进一步说明，包括其主要构成、增减变动情况等；

（三）有助于理解和分析会计报表需要说明的其他事项。

第四十六条 事业单位财务报表应当根据登记完整、核对无误的账簿记录和其他有关资料编制，做到数字真实、计算准确、内容完整、报送及时。

第九章　附　则

第四十七条　纳入企业财务管理体系的事业单位执行《企业会计准则》或《小企业会计准则》。

第四十八条　参照公务员法管理的事业单位对本准则的适用，由财政部另行规定。

第四十九条　本准则自 2013 年 1 月 1 日起施行。1997 年 5 月 28 日财政部印发的《事业单位会计准则（试行）》（财预字［1997］286 号）同时废止。

附录二

事业单位会计制度

2012 年在 12 月 19 日 财会［2012］22 号

目　录

第一部分　总说明

一、为了规范事业单位的会计核算，保证会计信息质量，根据《中华人民共和国会计法》、《事业单位会计准则》和《事业单位财务规则》，制定本制度。

二、本制度适用于各级各类事业单位，下列事业单位除外：

（一）按规定执行《医院会计制度》等行业事业单位会计制度的事业单位；

（二）纳入企业财务管理体系执行企业会计准则或小企业会计准则的事业单位。

参照公务员法管理的事业单位对本制度的适用，由财政部另行规定。

三、事业单位对基本建设投资的会计核算在执行本制度的同时，还应当按照国家有关基本建设会计核算的规定单独建账、单独核算。

四、事业单位会计核算一般采用收付实现制，但部分经济业务或者事项的核算应当按照本制度的规定采用权责发生制。

五、事业单位应当按照《事业单位财务规则》或相关财务制度的规定确定是否对固定资产计提折旧、对无形资产进行摊销。

对固定资产计提折旧、对无形资产进行摊销的，按照本制度规定处理。

不对固定资产计提折旧、不对无形资产进行摊销的，不设置本制度规定的“累计折旧”、“累计摊销”科目，在进行账务处理时不考虑本制度其他科目说明中涉及的“累计折旧”、“累计摊销”科目。

六、事业单位会计要素包括资产、负债、净资产、收入和支出。

七、事业单位应当按照下列规定运用会计科目：

（一）事业单位应当按照本制度的规定设置和使用会计科目。在不影响会计处理和编报财务报表的前提下，可以根据实际情况自行增设、减少或合并某些明细科目。

（二）本制度统一规定会计科目的编号，以便于填制会计凭证、登记账簿、查阅账目，实行会计信息化管理。事业单位不得打乱重编。

（三）事业单位在填制会计凭证、登记会计账簿时，应当填列会计科目的名称，或者同时填列会计科目的名称和编号，不得只填列科目编号、不填列科目名称。

八、事业单位应当按照下列规定编报财务报表：

（一）事业单位的财务报表由会计报表及其附注构成。会计报表包括资产负债表、收入支出表和财政补助收入支出表。

（二）事业单位的财务报表应当按照月度和年度编制。

（三）事业单位应当根据本制度规定编制并对外提供真实、完整的财务报表。事业单位不得违反本制度规定，随意改变财务报表的编制基础、编制依据、编制原则和方法，不得随意改变本制度规定的财务报表有关数据的会计口径。

（四）事业单位财务报表应当根据登记完整、核对无误的账簿记录和其他有关资料编制，做到数字真实、计算准确、内容完整、报送及时。

（五）事业单位财务报表应当由单位负责人和主管会计工作的负责人、会计机构负责人（会计主管人员）签名并盖章。

九、事业单位会计机构设置、会计人员配备、会计基础工作、会计档案管理、内部控制等，按照《中华人民共和国会计法》、《会计基础工作规范》、《会计档案管理办法》、《行政事业单位内部控制规范（试行）》等规定执行。开展会计信息化工作的事业单位，还应按照财政部制定的相关会计信息化工作规范执行。

十、本制度自2013年1月1日起施行。1997年7月17日财政部印发的《事业单位会计制度》（财预字［1997］288号）同时废止。

第二部分　会计科目名称和编号

序号	科目编号	科目名称
一、资产类		
1	1001	库存现金
2	1002	银行存款
3	1011	零余额账户用款额度
4	1101	短期投资
5	1201	财政应返还额度
	120101	财政直接支付
	120102	财政授权支付
6	1211	应收票据
7	1212	应收账款
8	1213	预付账款
9	1215	其他应收款
10	1301	存货
11	1401	长期投资
12	1501	固定资产
13	1502	累计折旧
14	1511	在建工程
15	1601	无形资产
16	1602	累计摊销
17	1701	待处置资产损溢

续表

序号	科目编号	科目名称
二、负债类		
18	2001	短期借款
19	2101	应缴税费
20	2102	应缴国库款
21	2103	应缴财政专户款
22	2201	应付职工薪酬
23	2301	应付票据
24	2302	应付账款
25	2303	预收账款
26	2305	其他应付款
27	2401	长期借款
28	2402	长期应付款
三、净资产类		
29	3001	事业基金
30	3101	非流动资产基金
	310101	长期投资
	310102	固定资产
	310103	在建工程
	310104	无形资产
31	3201	专用基金
32	3301	财政补助结转
	330101	基本支出结转
	330102	项目支出结转
33	3302	财政补助结余

续表

序号	科目编号	科目名称
34	3401	非财政补助结转
35	3402	事业结余
36	3403	经营结余
37	3404	非财政补助结余分配
四、收入类		
38	4001	财政补助收入
39	4101	事业收入
40	4201	上级补助收入
41	4301	附属单位上缴收入
42	4401	经营收入
43	4501	其他收入
五、费用类		
44	5001	事业支出
45	5101	上缴上级支出
46	5201	对附属单位补助支出
47	5301	经营支出
48	5401	其他支出

第三部分 会计科目使用说明

一、资产类

1001 库存现金

一、本科目核算事业单位的库存现金。

二、事业单位应当严格按照国家有关现金管理的规定收支现金，并按照本制度规定核算现金的各项收支业务。

三、库存现金的主要账务处理如下：

（一）从银行等金融机构提取现金，按照实际提取的金额，借记本科目，贷记“银行存款”等科目；将现金存入银行等金融机构，按照实际存入的金额，借记“银行存款”等科目，贷记本科目。

（二）因内部职工出差等原因借出的现金，按照实际借出的现金金额，借记“其他应收款”科目，贷记本科目；出差人员报销差旅费时，按照应报销的金额，借记有关科目，按照实际借出的现金金额，贷记“其他应收款”科目，按其差额，借记或贷记本科目。

（三）因开展业务等其他事项收到现金，按照实际收到的金额，借记本科目，贷记有关科目；因购买服务或商品等其他事项支出现金，按照实际支出的金额，借记有关科目，贷记本科目。

四、事业单位应当设置“现金日记账”，由出纳人员根据收付款凭证，按照业务发生顺序逐笔登记。每日终了，应当计算当日的现金收入合计数、现金支出合计数和结余数，并将结余数与实际库存数核对，做到账款相符。

每日账款核对中发现现金溢余或短缺的，应当及时进行处理。如发现现金溢余，属于应支付给有关人员或单位的部分，借记本科目，贷记“其他应付款”科目；属于无法查明原因的部分，借记本科目，贷记“其他收入”科目。如发现现金短缺，属于应由责任人赔偿的部分，借记“其他应收款”科目，贷记本科目；属于无法查明原因的部分，报经批准后，借记“其他支出”科目，贷记本科目。

现金收入业务较多、单独设有收款部门的事业单位，收款部门的收款员应当将每天所收现金连同收款凭据等一并交财务部门核收记账；或者将每天所收现金直接送存开户银行后，将收款凭据及向银行送存现金的凭证等一并交财务部门核收记账。

五、事业单位有外币现金的，应当分别按照人民币、各种外币设置“现金日记账”进行明细核算。有关外币现金业务的账务处理参见“银行存款”科目的相关规定。

六、本科目期末借方余额，反映事业单位实际持有的库存现金。

1002 银行存款

一、本科目核算事业单位存入银行或其他金融机构的各种存款。

二、事业单位应当严格按照国家有关支付结算办法的规定办理银行存款收支业务，并按照本制度规定核算银行存款的各项收支业务。

三、银行存款的主要账务处理如下：

（一）将款项存入银行或其他金融机构，借记本科目，贷记“库存现金”、“事业收入”、“经营收入”等有关科目。

（二）提取和支出存款时，借记有关科目，贷记本科目。

四、事业单位发生外币业务的，应当按照业务发生当日（或当期期初，下同）的即期汇率，将外币金额折算为人民币记账，并登记外币金额和汇率。

期末，各种外币账户的外币余额应当按照期末的即期汇率折算为人民币，作为外币账户期末人民币余额。调整后的各种外币账户人民币余额与原账面人民币余额的差额，作为汇兑损益计入相关支出。

（一）以外币购买物资、劳务等，按照购入当日的即期汇率将支付的外币或应支付的外币折算为人民币金额，借记有关科目，贷记本科目、“应付账款”等科目的外币账户。

（二）以外币收取相关款项等，按照收取款项或收入确认当日的即期汇率将收取的外币或应收取的外币折算为人民币金额，借记本科目、“应收账款”等科目的外币账户，贷记有关科目。

（三）期末，根据各外币账户按期末汇率调整后的人民币余额与原账面人民币余额的差额，作为汇兑损益，借记或贷记本科目、“应收账款”、“应付账款”等科目，贷记或借记“事业支出”、“经营支出”等科目。

五、事业单位应当按开户银行或其他金融机构、存款种类及币种等，分别设置“银行存款日记账”，由出纳人员根据收付款凭证，按照业务的发生顺序逐笔登记，每日终了应结出余额。“银行存款日记账”应定期与“银行对账单”核对，至少每月核对一次。月度终了，事业单位银行存款账面余额与银行对账单余额之间如有差额，必须逐笔查明原因并进行处理，按月编制“银行存款余额调节表”，调节相符。

六、本科目期末借方余额，反映事业单位实际存放在银行或其他金融机构的款项。

1011　零余额账户用款额度

一、本科目核算实行国库集中支付的事业单位根据财政部门批复的用款计划收到和支用的零余额账户用款额度。

二、零余额账户用款额度的主要账务处理如下：

（一）在财政授权支付方式下，收到代理银行盖章的“授权支付到账通知书”时，根据通知书所列数额，借记本科目，贷记“财政补助收入”科目。

（二）按规定支用额度时，借记有关科目，贷记本科目。

（三）从零余额账户提取现金时，借记“库存现金”科目，贷记本科目。

（四）因购货退回等发生国库授权支付额度退回的，属于以前年度支付的款项，按照退回金额，借记本科目，贷记“财政补助结转”、“财政补助结余”、“存货”等有关科目；属于本年度支付的款项，按照退回金额，借记本科目，贷记“事业支出”、“存货”等有关科目。

（五）年度终了，依据代理银行提供的对账单作注销额度的相关账务处理，借记“财政应返还额度——财政授权支付”科目，贷记本科目。事业单位本年度财政授权支付预算指标数大于零余额账户用款额度下达数的，根据未下达的用款额度，借记“财政应返还额度——财政授权支付”科目，贷记“财政补助收入”科目。

下年初，事业单位依据代理银行提供的额度恢复到账通知书作恢复额度的相关账务处理，借记本科目，贷记“财政应返还额度——财政授权支付”科目。事业单位收到财政部门批复的上年末未下达零余额账户用款额度的，借记本科目，贷记“财政应返还额度——财政授权支付”科目。

三、本科目期末借方余额，反映事业单位尚未支用的零余额账户用款额度。本科目年末应无余额。

1101　短期投资

一、本科目核算事业单位依法取得的，持有时间不超过 1 年（含 1 年）的投资，主要是国债投资。

二、事业单位应当严格遵守国家法律、行政法规以及财政部门、主管部门关于对外投资的有关规定。

三、本科目应当按照国债投资的种类等进行明细核算。

四、短期投资的主要账务处理如下：

（一）短期投资在取得时，应当按照其实际成本（包括购买价款以及税金、手续费等相关税费）作为投资成本，借记本科目，贷记“银行存款”等科目。

（二）短期投资持有期间收到利息时，按实际收到的金额，借记“银行存款”科目，贷记“其他收入——投资收益”科目。

（三）出售短期投资或到期收回短期国债本息，按照实际收到的金额，借记“银行存款”科目，按照出售或收回短期国债的成本，贷记本科目，按其差额，贷记或借记“其他收入——投资收益”科目。

五、本科目期末借方余额，反映事业单位持有的短期投资成本。

1201 财政应返还额度

一、本科目核算实行国库集中支付的事业单位应收财政返还的资金额度。

二、本科目应当设置“财政直接支付”、“财政授权支付”两个明细科目，进行明细核算。

三、财政应返还额度的主要账务处理如下：

（一）财政直接支付

年度终了，事业单位根据本年度财政直接支付预算指标数与当年财政直接支付实际支出数的差额，借记本科目（财政直接支付），贷记“财政补助收入”科目。

下年度恢复财政直接支付额度后，事业单位以财政直接支付方式发生实际支出时，借记有关科目，贷记本科目（财政直接支付）。

（二）财政授权支付

年度终了，事业单位依据代理银行提供的对账单作注销额度的相关账务处理，借记本科目（财政授权支付），贷记“零余额账户用款额度”科目。事业单位本年度财政授权支付预算指标数大于零余额账户用款额度下达数的，根据未下达的用款额度，借记本科目（财政授权支付），贷记“财政补助收入”科目。

下年初，事业单位依据代理银行提供的额度恢复到账通知书作恢复额度的相关账务处理，借记“零余额账户用款额度”科目，贷记本科目（财政授权支付）。事业单位收到财政部门批复的上年末未下达零余额账户用款额度时，借记“零余额账户用款额度”科目，贷记本科目（财政授权支付）。

四、本科目期末借方余额，反映事业单位应收财政返还的资金额度。

1211　应收票据

一、本科目核算事业单位因开展经营活动销售产品、提供有偿服务等而收到的商业汇票，包括银行承兑汇票和商业承兑汇票。

二、本科目应当按照开出、承兑商业汇票的单位等进行明细核算。

三、应收票据的主要账务处理如下：

（一）因销售产品、提供服务等收到商业汇票，按照商业汇票的票面金额，借记本科目，按照确认的收入金额，贷记“经营收入”等科目，按照应缴增值税金额，贷记“应缴税费——应缴增值税”科目。

（二）持未到期的商业汇票向银行贴现，按照实际收到的金额（即扣除贴现息后的净额），借记“银行存款”科目，按照贴现息，借记“经营支出”等科目，按照商业汇票的票面金额，贷记本科目。

（三）将持有的商业汇票背书转让以取得所需物资时，按照取得物资的成本，借记有关科目，按照商业汇票的票面金额，贷记本科目，如有差额，借记或贷记“银行存款”等科目。

（四）商业汇票到期时，应当分别以下情况处理：

1. 收回应收票据，按照实际收到的商业汇票票面金额，借记“银行存款”科目，贷记本科目。

2. 因付款人无力支付票款，收到银行退回的商业承兑汇票、委托收款凭证、未付票款通知书或拒付款证明等，按照商业汇票的票面金额，借记“应收账款”科目，贷记本科目。

四、事业单位应当设置“应收票据备查簿”，逐笔登记每一应收票据的种类、号数、出票日期、到期日、票面金额、交易合同号和付款人、承兑人、背书人姓名或单位名称、背书转让日、贴现日期、贴现率和贴现净额、收款日期、收回金额和退票情况等资料。应收票据到期结清票款或退票后，应当在备查簿内逐笔注销。

五、本科目期末借方余额，反映事业单位持有的商业汇票票面金额。

1212 应收账款

一、本科目核算事业单位因开展经营活动销售产品、提供有偿服务等而应收取的款项。

二、本科目应当按照购货、接受劳务单位（或个人）进行明细核算。

三、应收账款的主要账务处理如下：

（一）发生应收账款时，按照应收未收金额，借记本科目，按照确认的收入金额，贷记“经营收入”等科目，按照应缴增值税金额，贷记“应缴税费——应缴增值税”科目。

（二）收回应收账款时，按照实际收到的金额，借记“银行存款”等科目，贷记本科目。

四、逾期三年或以上、有确凿证据表明确实无法收回的应收账款，按规定报经批准后予以核销。核销的应收账款应在备查簿中保留登记。

（一）转入待处置资产时，按照待核销的应收账款金额，借记“待处置资产损溢”科目，贷记本科目。

（二）报经批准予以核销时，借记“其他支出”科目，贷记“待处置资产损溢”科目。

（三）已核销应收账款在以后期间收回的，按照实际收回的金额，借记“银行存款”等科目，贷记“其他收入”科目。

五、本科目期末借方余额，反映事业单位尚未收回的应收账款。

1213 预付账款

一、本科目核算事业单位按照购货、劳务合同规定预付给供应单位的款项。

二、本科目应当按照供应单位（或个人）进行明细核算。

事业单位应当通过明细核算或辅助登记方式，登记预付账款的资金性质（区分财政补助资金、非财政专项资金和其他资金）。

三、预付账款的主要账务处理如下：

（一）发生预付账款时，按照实际预付的金额，借记本科目，贷记“零余额账户用款额度”、“财政补助收入”、“银行存款”等科目。

（二）收到所购物资或劳务，按照购入物资或劳务的成本，借记有关科目，按照相应预付账款金额，贷记本科目，按照补付的款项，贷记“零余额账户用款额度”、“财政补助收入”、“银行存款”等科目。

收到所购固定资产、无形资产的，按照确定的资产成本，借记“固定资产”、“无形资产”科目，贷记“非流动资产基金——固定资产、无形资产”科目；同时，按资产购置支出，借记“事业支出”、“经营支出”等科目，按照相应预付账款金额，贷记本科目，按照补付的款项，贷记“零余额账户用款额度”、

“财政补助收入”、“银行存款”等科目。

四、逾期三年或以上、有确凿证据表明因供货单位破产、撤销等原因已无望再收到所购物资，且确实无法收回的预付账款，按规定报经批准后予以核销。核销的预付账款应在备查簿中保留登记。

（一）转入待处置资产时，按照待核销的预付账款金额，借记“待处置资产损溢”科目，贷记本科目。

（二）报经批准予以核销时，借记“其他支出”科目，贷记“待处置资产损溢”科目。

（三）已核销预付账款在以后期间收回的，按照实际收回的金额，借记“银行存款”等科目，贷记“其他收入”科目。

五、本科目期末借方余额，反映事业单位实际预付但尚未结算的款项。

1215　其他应收款

一、本科目核算事业单位除财政应返还额度、应收票据、应收账款、预付账款以外的其他各项应收及暂付款项，如职工预借的差旅费、拨付给内部有关部门的备用金、应向职工收取的各种垫付款项等。

二、本科目应当按照其他应收款的类别以及债务单位（或个人）进行明细核算。

三、其他应收款的主要账务处理如下：

（一）发生其他各种应收及暂付款项时，借记本科目，贷记“银行存款”、“库存现金”等科目。

（二）收回或转销其他各种应收及暂付款项时，借记“库存现金”、“银行存款”等科目，贷记本科目。

（三）事业单位内部实行备用金制度的，有关部门使用备用金以后应当及时到财务部门报销并补足备用金。财务部门核定并发放备用金时，借记本科目，贷记“库存现金”等科目。根据报销数用现金补足备用金定额时，借记有关科目，贷记“库存现金”等科目，报销数和拨补数都不再通过本科目核算。

四、逾期三年或以上、有确凿证据表明确实无法收回的其他应收款，按规定报经批准后予以核销。核销的其他应收款应在备查簿中保留登记。

（一）转入待处置资产时，按照待核销的其他应收款金额，借记“待处置资产损溢”科目，贷记本科目。

（二）报经批准予以核销时，借记“其他支出”科目，贷记“待处置资产损溢”科目。

（三）已核销其他应收款在以后期间收回的，按照实际收回的金额，借记“银行存款”等科目，贷记“其他收入”科目。

五、本科目期末借方余额，反映事业单位尚未收回的其他应收款。

1301 存 货

一、本科目核算事业单位在开展业务活动及其他活动中为耗用而储存的各种材料、燃料、包装物、低值易耗品及达不到固定资产标准的用具、装具、动植物等的实际成本。

事业单位随买随用的零星办公用品，可以在购进时直接列作支出，不通过本科目核算。

二、本科目应当按照存货的种类、规格、保管地点等进行明细核算。

事业单位应当通过明细核算或辅助登记方式，登记取得存货成本的资金来源（区分财政补助资金、非财政专项资金和其他资金）。

发生自行加工存货业务的事业单位，应当在本科目下设置“生产成本”明细科目，归集核算自行加工存货所发生的实际成本（包括耗用的直接材料费用、发生的直接人工费用和分配的间接费用）。

三、存货的主要账务处理如下：

（一）存货在取得时，应当按照其实际成本入账。

1. 购入的存货，其成本包括购买价款、相关税费、运输费、装卸费、保险费以及其他使得存货达到目前场所和状态所发生的其他支出。事业单位按照税法规定属于增值税一般纳税人的，其购进非自用（如用于生产对外销售的产品）材料所支付的增值税款不计入材料成本。

购入的存货验收入库，按确定的成本，借记本科目，贷记“银行存款”、“应付账款”、“财政补助收入”、“零余额账户用款额度”等科目。

属于增值税一般纳税人的事业单位购入非自用材料的，按确定的成本（不含增值税进项税额），借记本科目，按增值税专用发票上注明的增值税额，借记“应缴税费——应缴增值税（进项税额）”科目，按实际支付或应付的金额，贷记“银行存款”、“应付账款”等科目。

2. 自行加工的存货，其成本包括耗用的直接材料费用、发生的直接人工费用和按照一定方法分配的与存货加工有关的间接费用。

自行加工的存货在加工过程中发生各种费用时，借记本科目（生产成本），贷记本科目（领用材料相关的明细科目）、“应付职工薪酬”、“银行存款”等科目。

加工完成的存货验收入库，按照所发生的实际成本，借记本科目（相关明细科目），贷记本科目（生产成本）。

3. 接受捐赠、无偿调入的存货，其成本按照有关凭据注明的金额加上相关税费、运输费等确定；没有相关凭据的，其成本比照同类或类似存货的市场价格加上相关税费、运输费等确定；没有相关凭据、同类或类似存货的市场价格也无法可靠取得的，该存货按照名义金额（即人民币1元，下同）入账。相关财务制度仅要求进行实物管理的除外。

接受捐赠、无偿调入的存货验收入库，按照确定的成本，借记本科目，按照发生的相关税费、运输费等，贷记“银行存款”等科目，按照其差额，贷记“其他收入”科目。

按照名义金额入账的情况下，按照名义金额，借记本科目，贷记“其他收入”科目；按照发生的相关税费、运输费等，借记“其他支出”科目，贷记“银行存款”等科目。

（二）存货在发出时，应当根据实际情况采用先进先出法、加权平均法或者个别计价法确定发出存货的实际成本。计价方法一经确定，不得随意变更。低值易耗品的成本于领用时一次摊销。

1. 开展业务活动等领用、发出存货，按领用、发出存货的实际成本，借记“事业支出”、“经营支出”等科目，贷记本科目。

2. 对外捐赠、无偿调出存货，转入待处置资产时，按照存货的账面余额，借记“待处置资产损溢”科目，贷记本科目。

属于增值税一般纳税人的事业单位对外捐赠、无偿调出购进的非自用材料，转入待处置资产时，按照存货的账面余额与相关增值税进项税额转出金额的合计金额，借记“待处置资产损溢”科目，按存货的账面余额，贷记本科目，按转出的增值税进项税额，贷记“应缴税费——应缴增值税（进项税额转出）”科目。

实际捐出、调出存货时，按照“待处置资产损溢”科目的相应余额，借记“其他支出”科目，贷记“待处置资产损溢”科目。

四、事业单位的存货应当定期进行清查盘点，每年至少盘点一次。对于发生的存货盘盈、盘亏或者报废、毁损，应当及时查明原因，按规定报经批准后进行账务处理。

（一）盘盈的存货，按照同类或类似存货的实际成本或市场价格确定入账价值；同类或类似存货的实际成本、市场价格均无法可靠取得的，按照名义金额入账。盘盈的存货，按照确定的入账价值，借记本科目，贷记“其他收入”科目。

（二）盘亏或者毁损、报废的存货，转入待处置资产时，按照待处置存货的账面余额，借记“待处置资产损溢”科目，贷记本科目。

属于增值税一般纳税人的事业单位购进的非自用材料发生盘亏或者毁损、报废的，转入待处置资产时，按照存货的账面余额与相关增值税进项税额转出金额的合计金额，借记“待处置资产损溢”科目，按存货的账面余额，贷记本科目，按转出的增值税进项税额，贷记“应缴税费——应缴增值税（进项税额转出）”科目。

报经批准予以处置时，按照“待处置资产损溢”科目的相应余额，借记“其他支出”科目，贷记“待处置资产损溢”科目。

处置存货过程中所取得的收入、发生的费用，以及处置收入扣除相关处置费用后的净收入的账务处理，参见“待处置资产损溢”科目。

五、本科目期末借方余额，反映事业单位存货的实际成本。

1401 长期投资

一、本科目核算事业单位依法取得的，持有时间超过 1 年（不含 1 年）的股权和债权性质的投资。

二、事业单位应当严格遵守国家法律、行政法规以及财政部门、主管部门有关事业单位对外投资的规定。

三、本科目应当按照长期投资的种类和被投资单位等进行明细核算。

四、长期投资的主要账务处理如下：

（一）长期股权投资

1. 长期股权投资在取得时，应当按照其实际成本作为投资成本。

（1）以货币资金取得的长期股权投资，按照实际支付的全部价款（包括购买价款以及税金、手续费等相关税费）作为投资成本，借记本科目，贷记“银行存款”等科目；同时，按照投资成本金额，借记“事业基金”科目，贷记“非流动资产基金——长期投资”科目。

（2）以固定资产取得的长期股权投资，按照评估价值加上相关税费作为投资成本，借记本科目，贷记“非流动资产基金——长期投资”科目，按发生的相关税费，借记“其他支出”科目，贷记“银行存款”、“应缴税费”等科目；同时，按照投出固定资产对应的非流动资产基金，借记“非流动资产基金——固定资产”科目，按照投出固定资产已计提折旧，借记“累计折旧”科目，按投出固定资产的账面余额，贷记“固定资产”科目。

（3）以已入账无形资产取得的长期股权投资，按照评估价值加上相关税费作为投资成本，借记本科目，贷记“非流动资产基金——长期投资”科目，按发生的相关税费，借记“其他支出”科目，贷记“银行存款”、“应缴税费”等科目；同时，按照投出无形资产对应的非流动资产基金，借记“非流动资产基金——无形资产”科目，按照投出无形资产已计提摊销，借记“累计摊销”科目，按照投出无形资产的账面余额，贷记“无形资产”科目。

以未入账无形资产取得的长期股权投资，按照评估价值加上相关税费作为投资成本，借记本科目，贷记“非流动资产基金——长期投资”科目，按发生的相关税费，借记“其他支出”科目，贷记“银行存款”、“应缴税费”等科目。

2. 长期股权投资持有期间，收到利润等投资收益时，按照实际收到的金额，借记“银行存款”等科目，贷记“其他收入——投资收益”科目。

3. 转让长期股权投资，转入待处置资产时，按照待转让长期股权投资的账面余额，借记“待处置资产损溢——处置资产价值”科目，贷记本科目。

实际转让时，按照所转让长期股权投资对应的非流动资产基金，借记“非流动资产基金——长期投资”科目，贷记“待处置资产损溢——处置资产价值”科目。

转让长期股权投资过程中取得价款、发生相关税费，以及转让价款扣除相关税费后的净收入的账务处理，参见“待处置资产损溢”科目。

4. 因被投资单位破产清算等原因，有确凿证据表明长期股权投资发生损失，按规定报经批准后予以核销。将待核销长期股权投资转入待处置资产时，按照待核销的长期股权投资账面余额，借记“待处置资产损溢”科目，贷记本科目。

报经批准予以核销时，借记“非流动资产基金——长期投资”科目，贷记“待处置资产损溢”科目。

（二）长期债券投资

1. 长期债券投资在取得时，应当按照其实际成本作为投资成本。

以货币资金购入的长期债券投资，按照实际支付的全部价款

（包括购买价款以及税金、手续费等相关税费）作为投资成本，借记本科目，贷记“银行存款”等科目；同时，按照投资成本金额，借记“事业基金”科目，贷记“非流动资产基金——长期投资”科目。

2. 长期债券投资持有期间收到利息时，按照实际收到的金额，借记“银行存款”等科目，贷记“其他收入——投资收益”科目。

3. 对外转让或到期收回长期债券投资本息，按照实际收到的金额，借记“银行存款”等科目，按照收回长期投资的成本，贷记本科目，按照其差额，贷记或借记“其他收入——投资收益”科目；同时，按照收回长期投资对应的非流动资产基金，借记“非流动资产基金——长期投资”科目，贷记“事业基金”科目。

五、本科目期末借方余额，反映事业单位持有的长期投资成本。

1501 固定资产

一、本科目核算事业单位固定资产的原价。

固定资产是指事业单位持有的使用期限超过1年（不含1年）、单位价值在规定标准以上，并在使用过程中基本保持原有物质形态的资产。单位价值虽未达到规定标准，但使用期限超过1年（不含1年）的大批同类物资，作为固定资产核算和管理。

二、事业单位的固定资产一般分为六类：房屋及构筑物；专用设备；通用设备；文物和陈列品；图书、档案；家具、用具、装具及动植物。有关说明如下：

1. 对于应用软件，如果其构成相关硬件不可缺少的组成部分，应当将该软件价值包括在所属硬件价值中，一并作为固定资产进行核算；如果其不构成相关硬件不可缺少的组成部分，应当将该软件作为无形资产核算。

2. 事业单位以经营租赁租入的固定资产，不作为固定资产核算，应当另设备查簿进行登记。

3. 购入需要安装的固定资产，应当先通过“在建工程”科目核算，安装完毕交付使用时再转入本科目核算。

三、事业单位应当根据固定资产定义，结合本单位的具体情况，制定适合于本单位的固定资产目录、具体分类方法，作为进行固定资产核算的依据。

事业单位应当设置“固定资产登记簿”和“固定资产卡片”，按照固定资产类别、项目和使用部门等进行明细核算。出租、出借的固定资产，应当设置备查簿进行登记。

四、固定资产的主要账务处理如下：

（一）固定资产在取得时，应当按照其实际成本入账。

1. 购入的固定资产，其成本包括购买价款、相关税费以及固定资产交付使用前所发生的可归属于该项资产的运输费、装卸费、安装调试费和专业人员服务费等。

以一笔款项购入多项没有单独标价的固定资产，按照各项固定资产同类或类似资产市场价格的比例对总成本进行分配，分别确定各项固定资产的入账成本。

购入不需安装的固定资产，按照确定的固定资产成本，借记本科目，贷记“非流动资产基金——固定资产”科目；同时，按照实际支付金额，借记“事业支出”、“经营支出”、“专用基金——修购基金”等科目，贷记“财政补助收入”、“零余额账户用款额度”、“银行存款”等科目。

购入需要安装的固定资产，先通过“在建工程”科目核算。安装完工交付使用时，借记本科目，贷记“非流动资产基金——固定资产”科目；同时，借记“非流动资产基金——在建工程”

科目，贷记“在建工程”科目。

购入固定资产扣留质量保证金的，应当在取得固定资产时，按照确定的成本，借记本科目（不需安装）或“在建工程”科目（需要安装），贷记“非流动资产基金——固定资产、在建工程”科目。同时取得固定资产全款发票的，应当同时按照构成资产成本的全部支出金额，借记“事业支出”、“经营支出”、“专用基金——修购基金”等科目，按照实际支付金额，贷记“财政补助收入”、“零余额账户用款额度”、“银行存款”等科目，按照扣留的质量保证金，贷记“其他应付款”［扣留期在1年以内（含1年）］或“长期应付款”（扣留期超过1年）科目；取得的发票金额不包括质量保证金的，应当同时按照不包括质量保证金的支出金额，借记“事业支出”、“经营支出”、“专用基金——修购基金”等科目，贷记“财政补助收入”、“零余额账户用款额度”、“银行存款”等科目。质保期满支付质量保证金时，借记“其他应付款”、“长期应付款”科目，或借记“事业支出”、“经营支出”、“专用基金——修购基金”等科目，贷记“财政补助收入”、“零余额账户用款额度”、“银行存款”等科目。

2. 自行建造的固定资产，其成本包括建造该项资产至交付使用前所发生的全部必要支出。

工程完工交付使用时，按自行建造过程中发生的实际支出，借记本科目，贷记“非流动资产基金——固定资产”科目；同时，借记“非流动资产基金——在建工程”科目，贷记“在建工程”科目。已交付使用但尚未办理竣工决算手续的固定资产，按照估计价值入账，待确定实际成本后再进行调整。

3. 在原有固定资产基础上进行改建、扩建、修缮后的固定资产，其成本按照原固定资产账面价值（“固定资产”科目账面余额减去“累计折旧”科目账面余额后的净值)[①] 加上改建、扩建、修缮发生的支出，再扣除固定资产拆除部分的账面价值后的金额确定。

将固定资产转入改建、扩建、修缮时，按固定资产的账面价值，借记“在建工程”科目，贷记“非流动资产基金——在建工程”科目；同时，按固定资产对应的非流动资产基金，借记“非流动资产基金——固定资产”科目，按固定资产已计提折旧，借记“累计折旧”科目，按固定资产的账面余额，贷记本科目。

工程完工交付使用时，借记本科目，贷记“非流动资产基金——固定资产”科目；同时，借记“非流动资产基金——在建工程”科目，贷记“在建工程”科目。

4. 以融资租赁租入的固定资产，其成本按照租赁协议或者合同确定的租赁价款、相关税费以及固定资产交付使用前所发生的可归属于该项资产的运输费、途中保险费、安装调试费等确定。

融资租入的固定资产，按照确定的成本，借记本科目（不需要安装）或“在建工程”科目（需要安装），按照租赁协议或者合同确定的租赁价款，贷记“长期应付款”科目，按照其差额，贷记“非流动资产基金——固定资产、在建工程”科目。同时，按照实际支付的相关税费、运输费、途中保险费、安装调试费等，借记“事业支出”、“经营支出”等科目，贷记“财政补助收入”、“零余额账户用款额度”、“银行存款”等科目。

定期支付租金时，按照支付的租金金额，借记“事业支

---

① 本制度所称账面价值，是指某会计科目的账面余额减去相关备抵科目（如“累计折旧”、“累计摊销”科目）账面余额后的净值。本制度所称账面余额，是指某会计科目的账面实际余额。

出”、“经营支出”等科目，贷记“财政补助收入”、“零余额账户用款额度”、“银行存款”等科目；同时，借记“长期应付款”科目，贷记“非流动资产基金——固定资产”科目。

跨年度分期付款购入固定资产的账务处理，参照融资租入固定资产。

5. 接受捐赠、无偿调入的固定资产，其成本按照有关凭据注明的金额加上相关税费、运输费等确定；没有相关凭据的，其成本比照同类或类似固定资产的市场价格加上相关税费、运输费等确定；没有相关凭据、同类或类似固定资产的市场价格也无法可靠取得的，该固定资产按照名义金额入账。置

接受捐赠、无偿调入的固定资产，按照确定的固定资产成本，借记本科目（不需要安装）或“在建工程”科目（需要安装），贷记“非流动资产基金——固定资产、在建工程”科目；按照发生的相关税费、运输费等，借记“其他支出”科目，贷记“银行存款”等科目。

（二）按月计提固定资产折旧时，按照实际计提金额，借记“非流动资产基金——固定资产”科目，贷记“累计折旧”科目。

（三）与固定资产有关的后续支出，应分别以下情况处理：

1. 为增加固定资产使用效能或延长其使用年限而发生的改建、扩建或修缮等后续支出，应当计入固定资产成本，通过“在建工程”科目核算，完工交付使用时转入本科目。有关账务处理参见“在建工程”科目。

2. 为维护固定资产的正常使用而发生的日常修理等后续支出，应当计入当期支出但不计入固定资产成本，借记“事业支出”、“经营支出”等科目，贷记“财政补助收入”、“零余额账户用款额度”、“银行存款”等科目。

（四）报经批准出售、无偿调出、对外捐赠固定资产或以固定资产对外投资，应当分别以下情况处理：

1. 出售、无偿调出、对外捐赠固定资产，转入待处置资产时，按照待处置固定资产的账面价值，借记“待处置资产损溢”科目，按照已计提折旧，借记“累计折旧”科目，按照固定资产的账面余额，贷记本科目。

实际出售、调出、捐出时，按照处置固定资产对应的非流动资产基金，借记“非流动资产基金——固定资产”科目，贷记“待处置资产损溢”科目。

出售固定资产过程中取得价款、发生相关税费，以及出售价款扣除相关税费后的净收入的账务处理，参见“待处置资产损溢”科目。

2. 以固定资产对外投资，按照评估价值加上相关税费作为投资成本，借记“长期投资”科目，贷记“非流动资产基金——长期投资”科目，按发生的相关税费，借记“其他支出”科目，贷记“银行存款”、“应缴税费”等科目；同时，按照投出固定资产对应的非流动资产基金，借记“非流动资产基金——固定资产”科目，按照投出固定资产已计提折旧，借记“累计折旧”科目，按照投出固定资产的账面余额，贷记本科目。

五、事业单位的固定资产应当定期进行清查盘点，每年至少盘点一次。对于发生的固定资产盘盈、盘亏或者报废、毁损，应当及时查明原因，按规定报经批准后进行账务处理。

（一）盘盈的固定资产，按照同类或类似固定资产的市场价格确定入账价值；同类或类似固定资产的市场价格无法可靠取得的，按照名义金额入账。

盘盈的固定资产，按照确定的入账价值，借记本科目，贷记“非流动资产基金——固定资产”科目。

（二）盘亏或者毁损、报废的固定资产，转入待处置资产时，按照待处置固定资产的账面价值，借记“待处置资产损溢”科目，按照已计提折旧，借记“累计折旧”科目，按照固定资产的账面余额，贷记本科目。

报经批准予以处置时，按照处置固定资产对应的非流动资产基金，借记“非流动资产基金——固定资产”科目，贷记“待处置资产损溢”科目。

处置毁损、报废固定资产过程中所取得的收入、发生的相关费用，以及处置收入扣除相关费用后的净收入的账务处理，参见“待处置资产损溢”科目。

六、本科目期末借方余额，反映事业单位固定资产的原价。

1502 累计折旧

一、本科目核算事业单位固定资产计提的累计折旧。

二、本科目应当按照所对应固定资产的类别、项目等进行明细核算。

三、事业单位应当对除下列各项资产以外的其他固定资产计提折旧：

（一）文物和陈列品；

（二）动植物；

（三）图书、档案；

（四）以名义金额计量的固定资产。

四、折旧是指在固定资产使用寿命内，按照确定的方法对应折旧金额进行系统分摊。有关说明如下：

（一）事业单位应当根据固定资产的性质和实际使用情况，合理确定其折旧年限。省级以上财政部门、主管部门对事业单位固定资产折旧年限作出规定的，从其规定。

（二）事业单位一般应当采用年限平均法或工作量法计提固

定资产折旧。

（三）事业单位固定资产的应折旧金额为其成本，计提固定资产折旧不考虑预计净残值。

（四）事业单位一般应当按月计提固定资产折旧。当月增加的固定资产，当月不提折旧，从下月起计提折旧；当月减少的固定资产，当月照提折旧，从下月起不提折旧。

（五）固定资产提足折旧后，无论能否继续使用，均不再计提折旧；提前报废的固定资产，也不再补提折旧。已提足折旧的固定资产，可以继续使用的，应当继续使用，规范管理。

（六）计提融资租入固定资产折旧时，应当采用与自有固定资产相一致的折旧政策。能够合理确定租赁期届满时将会取得租入固定资产所有权的，应当在租入固定资产尚可使用年限内计提折旧；无法合理确定租赁期届满时能够取得租入固定资产所有权的，应当在租赁期与租入固定资产尚可使用年限两者中较短的期间内计提折旧。

（七）固定资产因改建、扩建或修缮等原因而延长其使用年限的，应当按照重新确定的固定资产的成本以及重新确定的折旧年限，重新计算折旧额。

五、累计折旧的主要账务处理如下：

（一）按月计提固定资产折旧时，按照应计提折旧金额，借记“非流动资产基金——固定资产”科目，贷记本科目。

（二）固定资产处置时，按照所处置固定资产的账面价值，借记“待处置资产损溢”科目，按照已计提折旧，借记本科目，按照固定资产的账面余额，贷记“固定资产”科目。

六、本科目期末贷方余额，反映事业单位计提的固定资产折旧累计数。

1511　在建工程

一、本科目核算事业单位已经发生必要支出，但尚未完工交付使用的各种建筑（包括新建、改建、扩建、修缮等）和设备安装工程的实际成本。

二、本科目应当按照工程性质和具体工程项目等进行明细核算。

三、事业单位的基本建设投资应当按照国家有关规定单独建账、单独核算，同时按照本制度的规定至少按月并入本科目及其他相关科目反映。

事业单位应当在本科目下设置“基建工程”明细科目，核算由基建账套并入的在建工程成本。有关基建并账的具体账务处理另行规定。

四、在建工程（非基本建设项目）的主要账务处理如下：

（一）建筑工程

1. 将固定资产转入改建、扩建或修缮等时，按照固定资产的账面价值，借记本科目，贷记“非流动资产基金——在建工程”科目；同时，按照固定资产对应的非流动资产基金，借记“非流动资产基金——固定资产”科目，按照已计提折旧，借记“累计折旧”科目，按照固定资产的账面余额，贷记“固定资产”科目。

2. 根据工程价款结算账单与施工企业结算工程价款时，按照实际支付的工程价款，借记本科目，贷记“非流动资产基金——在建工程”科目；同时，借记“事业支出”等科目，贷记“财政补助收入”、“零余额账户用款额度”、“银行存款”等科目。

3. 事业单位为建筑工程借入的专门借款的利息，属于建设期间发生的，计入在建工程成本，借记本科目，贷记“非流动资产基金——在建工程”科目；同时，借记“其他支出”科目，贷记“银行存款”科目。

4. 工程完工交付使用时，按照建筑工程所发生的实际成本，借记“固定资产”科目，贷记“非流动资产基金——固定资产”科目；同时，借记“非流动资产基金——在建工程”科目，贷记本科目。

（二）设备安装

1. 购入需要安装的设备，按照确定的成本，借记本科目，贷记“非流动资产基金——在建工程”科目；同时，按照实际支付金额，借记“事业支出”、“经营支出”等科目，贷记“财政补助收入”、“零余额账户用款额度”、“银行存款”等科目。

融资租入需要安装的设备，按照确定的成本，借记本科目，按照租赁协议或者合同确定的租赁价款，贷记“长期应付款”科目，按照其差额，贷记“非流动资产基金——在建工程”科目。同时，按照实际支付的相关税费、运输费、途中保险费等，借记“事业支出”、“经营支出”等科目，贷记“财政补助收入”、“零余额账户用款额度”、“银行存款”等科目。

2. 发生安装费用，借记本科目，贷记“非流动资产基金——在建工程”科目；同时，借记“事业支出”、“经营支出”等科目，贷记“财政补助收入”、“零余额账户用款额度”、“银行存款”等科目。

3. 设备安装完工交付使用时，借记“固定资产”科目，贷记“非流动资产基金——固定资产”科目；同时，借记“非流动资产基金——在建工程”科目，贷记本科目。

五、本科目期末借方余额，反映事业单位尚未完工的在建工程发生的实际成本。

1601 无形资产

一、本科目核算事业单位无形资产的原价。

无形资产是指事业单位持有的没有实物形态的可辨认非货币性资产，包括专利权、商标权、著作权、土地使用权、非专利技术等。

事业单位购入的不构成相关硬件不可缺少组成部分的应用软件，应当作为无形资产核算。

二、本科目应当按照无形资产的类别、项目等进行明细核算。

三、无形资产的主要账务处理如下：

（一）无形资产在取得时，应当按照其实际成本入账。

1. 外购的无形资产，其成本包括购买价款、相关税费以及可归属于该项资产达到预定用途所发生的其他支出。

购入的无形资产，按照确定的无形资产成本，借记本科目，贷记“非流动资产基金——无形资产”科目；同时，按照实际支付金额，借记“事业支出”等科目，贷记“财政补助收入”、“零余额账户用款额度”、“银行存款”等科目。

2. 委托软件公司开发软件视同外购无形资产进行处理。

支付软件开发费时，按照实际支付金额，借记“事业支出”等科目，贷记“财政补助收入”、“零余额账户用款额度”、“银行存款”等科目。软件开发完成交付使用时，按照软件开发费总额，借记本科目，贷记“非流动资产基金——无形资产”科目。

3. 自行开发并按法律程序申请取得的无形资产，按照依法取得时发生的注册费、聘请律师费等费用，借记本科目，贷记“非流动资产基金——无形资产”科目；同时，借记“事业支出”等科目，贷记“财政补助收入”、“零余额账户用款额度”、“银行存款”等科目。

依法取得前所发生的研究开发支出，应于发生时直接计入当期支出，借记“事业支出”等科目，贷记“银行存款”等科目。

4. 接受捐赠、无偿调入的无形资产，其成本按照有关凭据注明的金额加上相关税费等确定；没有相关凭据的，其成本比照同类或类似无形资产的市场价格加上相关税费等确定；没有相关凭据、同类或类似无形资产的市场价格也无法可靠取得的，该资产按照名义金额入账。

接受捐赠、无偿调入的无形资产，按照确定的无形资产成本，借记本科目，贷记“非流动资产基金——无形资产”科目；按照发生的相关税费等，借记“其他支出”科目，贷记“银行存款”等科目。

（二）按月计提无形资产摊销时，按照应计提摊销金额，借记“非流动资产基金——无形资产”科目，贷记“累计摊销”科目。

（三）与无形资产有关的后续支出，应分别以下情况处理：

1. 为增加无形资产的使用效能而发生的后续支出，如对软件进行升级改造或扩展其功能等所发生的支出，应当计入无形资产的成本，借记本科目，贷记“非流动资产基金——无形资产”科目；同时，借记“事业支出”等科目，贷记“财政补助收入”、“零余额账户用款额度”、“银行存款”等科目。

2. 为维护无形资产的正常使用而发生的后续支出，如对软件进行漏洞修补、技术维护等所发生的支出，应当计入当期支出但不计入无形资产成本，借记“事业支出”等科目，贷记“财政补助收入”、“零余额账户用款额度”、“银行存款”等科目。

（四）报经批准转让、无偿调出、对外捐赠无形资产或以无形资产对外投资，应当分别以下情况处理：

1. 转让、无偿调出、对外捐赠无形资产，转入待处置资产时，按照待处置无形资产的账面价值，借记“待处置资产损溢”科目，按照已计提摊销，借记“累计摊销”科目，按照无形资产的账面余额，贷记本科目。

实际转让、调出、捐出时，按照处置无形资产对应的非流动资产基金，借记“非流动资产基金——无形资产”科目，贷记“待处置资产损溢”科目。

转让无形资产过程中取得价款、发生相关税费，以及出售价款扣除相关税费后的净收入的账务处理，参见“待处置资产损溢”科目。

2. 以已入账无形资产对外投资，按照评估价值加上相关税费作为投资成本，借记“长期投资”科目，贷记“非流动资产基金——长期投资”科目，按发生的相关税费，借记“其他支出”科目，贷记“银行存款”、“应缴税费”等科目；同时，按照投出无形资产对应的非流动资产基金，借记“非流动资产基金——无形资产”科目，按照投出无形资产已计提摊销，借记“累计摊销”科目，按照投出无形资产的账面余额，贷记本科目。

（五）无形资产预期不能为事业单位带来服务潜力或经济利益的，应当按规定报经批准后将该无形资产的账面价值予以核销。

转入待处置资产时，按照待核销无形资产的账面价值，借记“待处置资产损溢”科目，按照已计提摊销，借记“累计摊销”科目，按照无形资产的账面余额，贷记本科目。

报经批准予以核销时，按照核销无形资产对应的非流动资产基金，借记“非流动资产基金——无形资产”科目，贷记“待处置资产损溢”科目。

四、本科目期末借方余额，反映事业单位无形资产的原价。

1602 累计摊销

一、本科目核算事业单位无形资产计提的累计摊销。

二、本科目应当按照对应无形资产的类别、项目等进行明细核算。

三、事业单位应当对无形资产进行摊销，以名义金额计量的无形资产除外。

摊销是指在无形资产使用寿命内，按照确定的方法对应摊销金额进行系统分摊。有关说明如下：

（一）事业单位应当按照如下原则确定无形资产的摊销年限：法律规定了有效年限的，按照法律规定的有效年限作为摊销年限；法律没有规定有效年限的，按照相关合同或单位申请书中的受益年限作为摊销年限；法律没有规定有效年限、相关合同或单位申请书也没有规定受益年限的，按照不少于10年的期限摊销。

（二）事业单位应当采用年限平均法对无形资产进行摊销。

（三）事业单位无形资产的应摊销金额为其成本。

（四）事业单位应当自无形资产取得当月起，按月计提无形资产摊销。

（五）因发生后续支出而增加无形资产成本的，应当按照重新确定的无形资产成本，重新计算摊销额。

四、累计摊销的主要账务处理如下：

（一）按月计提无形资产摊销时，按照应计提摊销金额，借记“非流动资产基金——无形资产”科目，贷记本科目。

（二）无形资产处置时，按照所处置无形资产的账面价值，借记“待处置资产损溢”科目，按照已计提摊销，借记本科目，按照无形资产的账面余额，贷记“无形资产”科目。

五、本科目期末贷方余额，反映事业单位计提的无形资产摊销累计数。

1701　待处置资产损溢

一、本科目核算事业单位待处置资产的价值及处置损溢。

事业单位资产处置包括资产的出售、出让、转让、对外捐赠、无偿调出、盘亏、报废、毁损以及货币性资产损失核销等。

二、本科目应当按照待处置资产项目进行明细核算；对于在处置过程中取得相关收入、发生相关费用的处置项目，还应设置“处置资产价值”、“处置净收入”明细科目，进行明细核算。

三、事业单位处置资产一般应当先记入本科目，按规定报经批准后及时进行账务处理。年度终了结账前一般应处理完毕。

四、待处置资产损溢的主要账务处理如下：

（一）按规定报经批准予以核销的应收及预付款项、长期股权投资、无形资产

1. 转入待处置资产时，借记本科目［核销无形资产的，还应借记“累计摊销”科目］，贷记“应收账款”、“预付账款”、“其他应收款”、“长期投资”、“无形资产”等科目。

2. 报经批准予以核销时，借记“其他支出”科目［应收及预付款项核销］或“非流动资产基金——长期投资、无形资产”科目［长期投资、无形资产核销］，贷记本科目。

（二）盘亏或者毁损、报废的存货、固定资产

1. 转入待处置资产时，借记本科目（处置资产价值）［处置固定资产的，还应借记“累计折旧”科目］，贷记“存货”、“固定资产”等科目。

2. 报经批准予以处置时，借记“其他支出”科目［处置存货］或“非流动资产基金——固定资产”科目［处置固定资产］，贷记本科目（处置资产价值）。

3. 处置毁损、报废存货、固定资产过程中收到残值变价收

入、保险理赔和过失人赔偿等，借记“库存现金”、“银行存款”等科目，贷记本科目（处置净收入）。

4. 处置毁损、报废存货、固定资产过程中发生相关费用，借记本科目（处置净收入），贷记“库存现金”、“银行存款”等科目。

5. 处置完毕，按照处置收入扣除相关处置费用后的净收入，借记本科目（处置净收入），贷记“应缴国库款”等科目。

（三）对外捐赠、无偿调出存货、固定资产、无形资产

1. 转入待处置资产时，借记本科目［捐赠、调出固定资产、无形资产的，还应借记“累计折旧”、“累计摊销”科目］，贷记“存货”、“固定资产”、“无形资产”等科目。

2. 实际捐出、调出时，借记“其他支出”科目［捐出、调出存货］或“非流动资产基金——固定资产、无形资产”科目［捐出、调出固定资产、无形资产］，贷记本科目。

（四）转让（出售）长期股权投资、固定资产、无形资产

1. 转入待处置资产时，借记本科目（处置资产价值）［转让固定资产、无形资产的，还应借记“累计折旧”、“累计摊销”科目］，贷记“长期投资”、“固定资产”、“无形资产”等科目。

2. 实际转让时，借记“非流动资产基金——长期投资、固定资产、无形资产”科目，贷记本科目（处置资产价值）。

3. 转让过程中取得价款、发生相关税费，以及转让价款扣除相关税费后的净收入的账务处理，按照国家有关规定，比照本科目“四（二）”有关毁损、报废存货、固定资产进行处理。

五、本科目期末如为借方余额，反映尚未处置完毕的各种资产价值及净损失；期末如为贷方余额，反映尚未处置完毕的各种资产净溢余。年度终了报经批准处理后，本科目一般应无余额。

二、负债类

2001　短期借款

一、本科目核算事业单位借入的期限在 1 年内（含 1 年）的各种借款。

二、本科目应当按照贷款单位和贷款种类进行明细核算。

三、短期借款的主要账务处理如下：

（一）借入各种短期借款时，按照实际借入的金额，借记“银行存款”科目，贷记本科目。

（二）银行承兑汇票到期，本单位无力支付票款的，按照银行承兑汇票的票面金额，借记“应付票据”科目，贷记本科目。

（三）支付短期借款利息时，借记“其他支出”科目，贷记“银行存款”科目。

（四）归还短期借款时，借记本科目，贷记“银行存款”科目。

四、本科目期末贷方余额，反映事业单位尚未偿还的短期借款本金。

2101　应缴税费

一、本科目核算事业单位按照税法等规定计算应缴纳的各种税费，包括营业税、增值税、城市维护建设税、教育费附加、车船税、房产税、城镇土地使用税、企业所得税等。

事业单位代扣代缴的个人所得税，也通过本科目核算。

事业单位应缴纳的印花税不需要预提应缴税费，直接通过支出等有关科目核算，不在本科目核算。

二、本科目应当按照应缴纳的税费种类进行明细核算。属于增值税一般纳税人的事业单位，其应缴增值税明细账中应设置“进项税额”、“已交税金”、“销项税额”、“进项税额转出”等专栏。

三、应缴税费的主要账务处理如下：

（一）发生营业税、城市维护建设税、教育费附加纳税义务的，按税法规定计算的应缴税费金额，借记“待处置资产损溢——处置净收入”科目［出售不动产应缴的税费］或有关支出科目，贷记本科目。实际缴纳时，借记本科目，贷记“银行存款”科目。

（二）属于增值税一般纳税人的事业单位购入非自用材料的，按确定的成本（不含增值税进项税额），借记“存货”科目，按增值税专用发票上注明的增值税额，借记本科目（应缴增值税——进项税额），按实际支付或应付的金额，贷记“银行存款”、“应付账款”等科目。

属于增值税一般纳税人的事业单位所购进的非自用材料发生盘亏、毁损、报废、对外捐赠、无偿调出等税法规定不得从增值税销项税额中抵扣进项税额的，将所购进的非自用材料转入待处置资产时，按照材料的账面余额与相关增值税进项税额转出金额的合计金额，借记“待处置资产损溢”科目，按材料的账面余额，贷记“存货”科目，按转出的增值税进项税额，贷记本科目（应缴增值税——进项税额转出）。

属于增值税一般纳税人的事业单位销售应税产品或提供应税服务，按包含增值税的价款总额，借记“银行存款”、“应收账款”、“应收票据”等科目，按扣除增值税销项税额后的价款金额，贷记“经营收入”等科目，按增值税专用发票上注明的增值税金额，贷记本科目（应缴增值税——销项税额）。

属于增值税一般纳税人的事业单位实际缴纳增值税时，借记本科目（应缴增值税——已交税金），贷记“银行存款”科目。

属于增值税小规模纳税人的事业单位销售应税产品或提供应税服务，按实际收到或应收的价款，借记“银行存款”、“应收账款”、“应收票据”等科目，按实际收到或应收价款扣除增值税额后的金额，贷记“经营收入”等科目，按应缴增值税金额，贷记本科目（应缴增值税）。实际缴纳增值税时，借记本科目（应缴增值税），贷记“银行存款”科目。

（三）发生房产税、城镇土地使用税、车船税纳税义务的，按税法规定计算的应缴税金数额，借记有关科目，贷记本科目。实际缴纳时，借记本科目，贷记“银行存款”科目。

（四）代扣代缴个人所得税的，按税法规定计算应代扣代缴的个人所得税金额，借记“应付职工薪酬”科目，贷记本科目。实际缴纳时，借记本科目，贷记“银行存款”科目。

（五）发生企业所得税纳税义务的，按税法规定计算的应缴税金数额，借记“非财政补助结余分配”科目，贷记本科目。实际缴纳时，借记本科目，贷记“银行存款”科目。

（六）发生其他纳税义务的，按照应缴纳的税费金额，借记有关科目，贷记本科目。实际缴纳时，借记本科目，贷记“银行存款”等科目。

四、本科目期末借方余额，反映事业单位多缴纳的税费金额；本科目期末贷方余额，反映事业单位应缴未缴的税费金额。

2102 应缴国库款

一、本科目核算事业单位按规定应缴入国库的款项（应缴税费除外）。

二、本科目应当按照应缴国库的各款项类别进行明细核算。

三、应缴国库款的主要账务处理如下：

（一）按规定计算确定或实际取得应缴国库的款项时，借记有关科目，贷记本科目。

（二）事业单位处置资产取得的应上缴国库的处置净收入的账务处理，参见“待处置资产损溢”科目。

（三）上缴款项时，借记本科目，贷记“银行存款”等科目。

四、本科目期末贷方余额，反映事业单位应缴入国库但尚未缴纳的款项。

2103 应缴财政专户款

一、本科目核算事业单位按规定应缴入财政专户的款项。

二、本科目应当按照应缴财政专户的各款项类别进行明细核算。

三、应缴财政专户款的主要账务处理如下：

（一）取得应缴财政专户的款项时，借记有关科目，贷记本科目。

（二）上缴款项时，借记本科目，贷记“银行存款”等科目。

四、本科目期末贷方余额，反映事业单位应缴入财政专户但尚未缴纳的款项。

2201 应付职工薪酬

一、本科目核算事业单位按有关规定应付给职工及为职工支付的各种薪酬。包括基本工资、绩效工资、国家统一规定的津贴补贴、社会保险费、住房公积金等。

二、本科目应当根据国家有关规定按照“工资（离退休费）”、“地方（部门）津贴补贴”、“其他个人收入”以及“社会保险费”、“住房公积金”等进行明细核算。

三、应付职工薪酬的主要账务处理如下：

（一）计算当期应付职工薪酬，借记“事业支出”、“经营支出”等科目，贷记本科目。

（二）向职工支付工资、津贴补贴等薪酬，借记本科目，贷记“财政补助收入”、“零余额账户用款额度”、“银行存款”等科目。

（三）按税法规定代扣代缴个人所得税，借记本科目，贷记“应缴税费——应缴个人所得税”科目。

（四）按照国家有关规定缴纳职工社会保险费和住房公积金，借记本科目，贷记“财政补助收入”、“零余额账户用款额度”、“银行存款”等科目。

（五）从应付职工薪酬中支付其他款项，借记本科目，贷记“财政补助收入”、“零余额账户用款额度”、“银行存款”等科目。

四、本科目期末贷方余额，反映事业单位应付未付的职工薪酬。

2301 应付票据

一、本科目核算事业单位因购买材料、物资等而开出、承兑的商业汇票，包括银行承兑汇票和商业承兑汇票。

二、本科目应当按照债权单位进行明细核算。

三、应付票据的主要账务处理如下：

（一）开出、承兑商业汇票时，借记“存货”等科目，贷记本科目。

以承兑商业汇票抵付应付账款时，借记“应付账款”科目，贷记本科目。

（二）支付银行承兑汇票的手续费时，借记“事业支出”、“经营支出”等科目，贷记“银行存款”等科目。

（三）商业汇票到期时，应当分别以下情况处理：

1. 收到银行支付到期票据的付款通知时，借记本科目，贷记“银行存款”科目。

2. 银行承兑汇票到期，本单位无力支付票款的，按照汇票票面金额，借记本科目，贷记“短期借款”科目。

3. 商业承兑汇票到期，本单位无力支付票款的，按照汇票票面金额，借记本科目，贷记“应付账款”科目。

四、事业单位应当设置“应付票据备查簿”，详细登记每一应付票据的种类、号数、出票日期、到期日、票面金额、交易合同号、收款人姓名或单位名称，以及付款日期和金额等资料。应付票据到期结清票款后，应当在备查簿内逐笔注销。

五、本科目期末贷方余额，反映事业单位开出、承兑的尚未到期的商业汇票票面金额。

2302 应付账款

一、本科目核算事业单位因购买材料、物资等而应付的款项。

二、本科目应当按照债权单位（或个人）进行明细核算。

三、应付账款的主要账务处理如下：

（一）购入材料、物资等已验收入库但货款尚未支付的，按照应付未付金额，借记“存货”等科目，贷记本科目。

（二）偿付应付账款时，按照实际支付的款项金额，借记本科目，贷记“银行存款”等科目。

（三）开出、承兑商业汇票抵付应付账款，借记本科目，贷记“应付票据”科目。

（四）无法偿付或债权人豁免偿还的应付账款，借记本科目，贷记“其他收入”科目。

四、本科目期末贷方余额，反映事业单位尚未支付的应付账款。

2303 预收账款

一、本科目核算事业单位按合同规定预收的款项。

二、本科目应当按照债权单位（或个人）进行明细核算。

三、预收账款的主要账务处理如下：

（一）从付款方预收款项时，按照实际预收的金额，借记“银行存款”等科目，贷记本科目。

（二）确认有关收入时，借记本科目，按照应确认的收入金额，贷记“经营收入”等科目，按照付款方补付或退回付款方的金额，借记或贷记“银行存款”等科目。

（三）无法偿付或债权人豁免偿还的预收账款，借记本科目，贷记“其他收入”科目。

四、本科目期末贷方余额，反映事业单位按合同规定预收但尚未实际结算的款项。

2305 其他应付款

一、本科目核算事业单位除应缴税费、应缴国库款、应缴财政专户款、应付职工薪酬、应付票据、应付账款、预收账款之外的其他各项偿还期限在1年内（含1年）的应付及暂收款项，如存入保证金等。

二、本科目应当按照其他应付款的类别以及债权单位（或个人）进行明细核算。

三、其他应付款的主要账务处理如下：

（一）发生其他各项应付及暂收款项时，借记“银行存款”等科目，贷记本科目。

（二）支付其他应付款项时，借记本科目，贷记“银行存款”等科目。

（三）无法偿付或债权人豁免偿还的其他应付款项，借记本科目，贷记“其他收入”科目。

四、本科目期末贷方余额，反映事业单位尚未支付的其他应付款。

2401 长期借款

一、本科目核算事业单位借入的期限超过1年（不含1年）

的各种借款。

二、本科目应当按照贷款单位和贷款种类进行明细核算。对于基建项目借款，还应按具体项目进行明细核算。

三、长期借款的主要账务处理如下：

（一）借入各项长期借款时，按照实际借入的金额，借记“银行存款”科目，贷记本科目。

（二）为购建固定资产支付的专门借款利息，分别以下情况处理：

1. 属于工程项目建设期间支付的，计入工程成本，按照支付的利息，借记“在建工程”科目，贷记“非流动资产基金——在建工程”科目；同时，借记“其他支出”科目，贷记“银行存款”科目。

2. 属于工程项目完工交付使用后支付的，计入当期支出但不计入工程成本，按照支付的利息，借记“其他支出”科目，贷记“银行存款”科目。

（三）其他长期借款利息，按照支付的利息金额，借记“其他支出”科目，贷记“银行存款”科目。

（四）归还长期借款时，借记本科目，贷记“银行存款”科目。

四、本科目期末贷方余额，反映事业单位尚未偿还的长期借款本金。

2402 长期应付款

一、本科目核算事业单位发生的偿还期限超过 1 年（不含 1 年）的应付款项，如以融资租赁租入固定资产的租赁费、跨年度分期付款购入固定资产的价款等。

二、本科目应当按照长期应付款的类别以及债权单位（或个人）进行明细核算。

三、长期应付款的主要账务处理如下：

（一）发生长期应付款时，借记“固定资产”、“在建工程”等科目，贷记本科目、“非流动资产基金”等科目。

（二）支付长期应付款时，借记“事业支出”、“经营支出”等科目，贷记“银行存款”等科目；同时，借记本科目，贷记“非流动资产基金”科目。

（三）无法偿付或债权人豁免偿还的长期应付款，借记本科目，贷记“其他收入”科目。

四、本科目期末贷方余额，反映事业单位尚未支付的长期应付款。

三、净资产类

3001 事业基金

一、本科目核算事业单位拥有的非限定用途的净资产，主要为非财政补助结余扣除结余分配后滚存的金额。

二、事业基金的主要账务处理如下：

（一）年末，将“非财政补助结余分配”科目余额转入事业基金，借记或贷记“非财政补助结余分配”科目，贷记或借记本科目。

（二）年末，将留归本单位使用的非财政补助专项（项目已完成）剩余资金转入事业基金，借记“非财政补助结转——××项目”科目，贷记本科目。

（三）以货币资金取得长期股权投资、长期债券投资，按照实际支付的全部价款（包括购买价款以及税金、手续费等相关税费）作为投资成本，借记“长期投资”科目，贷记“银行存款”等科目；同时，按照投资成本金额，借记本科目，贷记“非流动资产基金——长期投资”科目。

（四）对外转让或到期收回长期债券投资本息，按照实际收到的金额，借记“银行存款”等科目，按照收回长期投资的成本，贷记“长期投资”科目，按照其差额，贷记或借记“其他收入——投资收益”科目；同时，按照收回长期投资对应的非流动资产基金，借记“非流动资产基金——长期投资”科目，贷记本科目。

三、事业单位发生需要调整以前年度非财政补助结余的事项，通过本科目核算。国家另有规定的，从其规定。

四、本科目期末贷方余额，反映事业单位历年积存的非限定用途净资产的金额。

3101 非流动资产基金

一、本科目核算事业单位长期投资、固定资产、在建工程、无形资产等非流动资产占用的金额。

二、本科目应当设置“长期投资”、“固定资产”、“在建工程”、“无形资产”等明细科目，进行明细核算。

三、非流动资产基金的主要账务处理如下：

（一）非流动资产基金应当在取得长期投资、固定资产、在建工程、无形资产等非流动资产或发生相关支出时予以确认。

取得相关资产或发生相关支出时，借记“长期投资”、“固定资产”、“在建工程”、“无形资产”等科目，贷记本科目等有关科目；同时或待以后发生相关支出时，借记“事业支出”等有关科目，贷记“财政补助收入”、“零余额账户用款额度”、“银行存款”等科目。

（二）计提固定资产折旧、无形资产摊销时，应当冲减非流动资产基金。

计提固定资产折旧、无形资产摊销时，按照计提的折旧、摊销金额，借记本科目（固定资产、无形资产），贷记“累计折旧”、“累计摊销”科目。

（三）处置长期投资、固定资产、无形资产，以及以固定资产、无形资产对外投资时，应当冲销该资产对应的非流动资产基金。

1. 以固定资产、无形资产对外投资，按照评估价值加上相关税费作为投资成本，借记“长期投资”科目，贷记本科目（长期投资），按发生的相关税费，借记“其他支出”科目，贷记“银行存款”等科目；同时，按照投出固定资产、无形资产对应的非流动资产基金，借记本科目（固定资产、无形资产），按照投出资产已提折旧、摊销，借记“累计折旧”、“累计摊销”科目，按照投出资产的账面余额，贷记“固定资产”、“无形资产”科目。

2. 出售或以其他方式处置长期投资、固定资产、无形资产，转入待处置资产时，借记“待处置资产损溢”、“累计折旧”［处置固定资产］或“累计摊销”［处置无形资产］科目，贷记“长期投资”、“固定资产”、“无形资产”等科目。

实际处置时，借记本科目（有关资产明细科目），贷记“待处置资产损溢”科目。

四、本科目期末贷方余额，反映事业单位非流动资产占用的金额。

3201 专用基金

一、本科目核算事业单位按规定提取或者设置的具有专门用途的净资产，主要包括修购基金、职工福利基金等。

二、本科目应当按照专用基金的类别进行明细核算。

三、专用基金的主要账务处理如下：

（一）提取修购基金

按规定提取修购基金的，按照提取金额，借记“事业支出”、“经营支出”科目，贷记本科目（修购基金）。

（二）提取职工福利基金

年末，按规定从本年度非财政补助结余中提取职工福利基金的，按照提取金额，借记“非财政补助结余分配”科目，贷记本科目（职工福利基金）。

（三）提取、设置其他专用基金

若有按规定提取的其他专用基金，按照提取金额，借记有关支出科目或“非财政补助结余分配”等科目，贷记本科目。

若有按规定设置的其他专用基金，按照实际收到的基金金额，借记“银行存款”等科目，贷记本科目。

（四）使用专用基金

按规定使用专用基金时，借记本科目，贷记“银行存款”等科目；使用专用基金形成固定资产的，还应借记“固定资产”科目，贷记“非流动资产基金——固定资产”科目。

四、本科目期末贷方余额，反映事业单位专用基金余额。

3301　财政补助结转

一、本科目核算事业单位滚存的财政补助结转资金，包括基本支出结转和项目支出结转。

二、本科目应当设置“基本支出结转”、“项目支出结转”两个明细科目，并在“基本支出结转”明细科目下按照“人员经费”、“日常公用经费”进行明细核算，在“项目支出结转”明细科目下按照具体项目进行明细核算；本科目还应按照《政府收支分类科目》中“支出功能分类科目”的相关科目进行明细核算。

三、财政补助结转的主要账务处理如下：

（一）期末，将财政补助收入本期发生额结转入本科目，借记“财政补助收入——基本支出、项目支出”科目，贷记本科目（基本支出结转、项目支出结转）；将事业支出（财政补助支出）本期发生额结转入本科目，借记本科目（基本支出结转、项目支出结转），贷记“事业支出——财政补助支出（基本支出、项目支出）”或“事业支出——基本支出（财政补助支出）、项目支出（财政补助支出）”科目。

（二）年末，完成上述（一）结转后，应当对财政补助各明细项目执行情况进行分析，按照有关规定将符合财政补助结余性质的项目余额转入财政补助结余，借记或贷记本科目（项目支出结转——××项目），贷记或借记“财政补助结余”科目。

（三）按规定上缴财政补助结转资金或注销财政补助结转额度的，按照实际上缴资金数额或注销的资金额度数额，借记本科目，贷记“财政应返还额度”、“零余额账户用款额度”、“银行存款”等科目。取得主管部门归集调入财政补助结转资金或额度的，做相反会计分录。

四、事业单位发生需要调整以前年度财政补助结转的事项，通过本科目核算。

五、本科目期末贷方余额，反映事业单位财政补助结转资金数额。

3302　财政补助结余

一、本科目核算事业单位滚存的财政补助项目支出结余资金。

二、本科目应当按照《政府收支分类科目》中“支出功能分类科目”的相关科目进行明细核算。

三、财政补助结余的主要账务处理如下：

（一）年末，对财政补助各明细项目执行情况进行分析，按照有关规定将符合财政补助结余性质的项目余额转入财政补助结余，借记或贷记“财政补助结转——项目支出结转（××项目）”科目，贷记或借记本科目。

（二）按规定上缴财政补助结余资金或注销财政补助结余额度的，按照实际上缴资金数额或注销的资金额度数额，借记本科目，贷记“财政应返还额度”、“零余额账户用款额度”、“银行存款”等科目。取得主管部门归集调入财政补助结余资金或额度的，做相反会计分录。

四、事业单位发生需要调整以前年度财政补助结余的事项，通过本科目核算。

五、本科目期末贷方余额，反映事业单位财政补助结余资金数额。

3401　非财政补助结转

一、本科目核算事业单位除财政补助收支以外的各专项资金收入与其相关支出相抵后剩余滚存的、须按规定用途使用的结转资金。

二、本科目应当按照非财政专项资金的具体项目进行明细核算。

三、非财政补助结转的主要账务处理如下：

（一）期末，将事业收入、上级补助收入、附属单位上缴收入、其他收入本期发生额中的专项资金收入结转入本科目，借记“事业收入”、“上级补助收入”、“附属单位上缴收入”、“其他收入”科目下各专项资金收入明细科目，贷记本科目；将事业支出、其他支出本期发生额中的非财政专项资金支出结转入本科目，借记本科目，贷记“事业支出——非财政专项资金支出”或“事业支出——项目支出（非财政专项资金支出）”、“其他支出”科目下各专项资金支出明细科目。

（二）年末，完成上述（一）结转后，应当对非财政补助专项结转资金各项目情况进行分析，将已完成项目的项目剩余资金区分以下情况处理：缴回原专项资金拨入单位的，借记本科目

（××项目），贷记“银行存款”等科目；留归本单位使用的，借记本科目（××项目），贷记“事业基金”科目。

四、事业单位发生需要调整以前年度非财政补助结转的事项，通过本科目核算。

五、本科目期末贷方余额，反映事业单位非财政补助专项结转资金数额。

3402 事业结余

一、本科目核算事业单位一定期间除财政补助收支、非财政专项资金收支和经营收支以外各项收支相抵后的余额。

二、事业结余的主要账务处理如下：

（一）期末，将事业收入、上级补助收入、附属单位上缴收入、其他收入本期发生额中的非专项资金收入结转入本科目，借记“事业收入”、“上级补助收入”、“附属单位上缴收入”、“其他收入”科目下各非专项资金收入明细科目，贷记本科目；将事业支出、其他支出本期发生额中的非财政、非专项资金支出，以及对附属单位补助支出、上缴上级支出的本期发生额结转入本科目，借记本科目，贷记“事业支出——其他资金支出”或“事业支出——基本支出（其他资金支出）、项目支出（其他资金支出）”科目、“其他支出”科目下各非专项资金支出明细科目、“对附属单位补助支出”、“上缴上级支出”科目。

（二）年末，完成上述（一）结转后，将本科目余额结转入“非财政补助结余分配”科目，借记或贷记本科目，贷记或借记“非财政补助结余分配”科目。

三、本科目期末如为贷方余额，反映事业单位自年初至报告期末累计实现的事业结余；如为借方余额，反映事业单位自年初至报告期末累计发生的事业亏损。年末结账后，本科目应无余额。

3403　经营结余

一、本科目核算事业单位一定期间各项经营收支相抵后余额弥补以前年度经营亏损后的余额。

二、经营结余的主要账务处理如下：

（一）期末，将经营收入本期发生额结转入本科目，借记“经营收入”科目，贷记本科目；将经营支出本期发生额结转入本科目，借记本科目，贷记“经营支出”科目。

（二）年末，完成上述（一）结转后，如本科目为贷方余额，将本科目余额结转入“非财政补助结余分配”科目，借记本科目，贷记“非财政补助结余分配”科目；如本科目为借方余额，为经营亏损，不予结转。

三、本科目期末如为贷方余额，反映事业单位自年初至报告期末累计实现的经营结余弥补以前年度经营亏损后的经营结余；如为借方余额，反映事业单位截至报告期末累计发生的经营亏损。

年末结账后，本科目一般无余额；如为借方结余，反映事业单位累计发生的经营亏损。

3404　非财政补助结余分配

一、本科目核算事业单位本年度非财政补助结余分配的情况和结果。

二、非财政补助结余分配的主要账务处理如下：

（一）年末，将“事业结余”科目余额结转入本科目，借记或贷记“事业结余”科目，贷记或借记本科目；将“经营结余”科目贷方余额结转入本科目，借记“经营结余”科目，贷记本科目。

（二）有企业所得税缴纳义务的事业单位计算出应缴纳的企业所得税，借记本科目，贷记“应缴税费——应缴企业所得税”

科目。

（三）按照有关规定提取职工福利基金的，按提取的金额，借记本科目，贷记“专用基金——职工福利基金”科目。

（四）年末，按规定完成上述（一）至（三）处理后，将本科目余额结转入事业基金，借记或贷记本科目，贷记或借记“事业基金”科目。

三、年末结账后，本科目应无余额。

四、收入类

4001 财政补助收入

一、本科目核算事业单位从同级财政部门取得的各类财政拨款，包括基本支出补助和项目支出补助。

二、本科目应当设置“基本支出”和“项目支出”两个明细科目；两个明细科目下按照《政府收支分类科目》中“支出功能分类”的相关科目进行明细核算；同时在“基本支出”明细科目下按照“人员经费”和“日常公用经费”进行明细核算，在“项目支出”明细科目下按照具体项目进行明细核算。

三、财政补助收入的主要账务处理如下：

（一）财政直接支付方式下，对财政直接支付的支出，事业单位根据财政国库支付执行机构委托代理银行转来的《财政直接支付入账通知书》及原始凭证，按照通知书中的直接支付入账金额，借记有关科目，贷记本科目。

年度终了，根据本年度财政直接支付预算指标数与当年财政直接支付实际支出数的差额，借记“财政应返还额度——财政直接支付”科目，贷记本科目。

（二）财政授权支付方式下，事业单位根据代理银行转来的《授权支付到账通知书》，按照通知书中的授权支付额度，借记“零余额账户用款额度”科目，贷记本科目。

年度终了，事业单位本年度财政授权支付预算指标数大于零余额账户用款额度下达数的，根据未下达的用款额度，借记“财政应返还额度——财政授权支付”科目，贷记本科目。

（三）其他方式下，实际收到财政补助收入时，按照实际收到的金额，借记“银行存款”等科目，贷记本科目。

（四）因购货退回等发生国库直接支付款项退回的，属于以前年度支付的款项，按照退回金额，借记“财政应返还额度”科目，贷记“财政补助结转”、“财政补助结余”、“存货”等有关科目；属于本年度支付的款项，按照退回金额，借记本科目，贷记“事业支出”、“存货”等有关科目。

（五）期末，将本科目本期发生额转入财政补助结转，借记本科目，贷记“财政补助结转”科目。

四、期末结账后，本科目应无余额。

4101 事业收入

一、本科目核算事业单位开展专业业务活动及其辅助活动取得的收入。

二、本科目应当按照事业收入类别、项目、《政府收支分类科目》中“支出功能分类”相关科目等进行明细核算。事业收入中如有专项资金收入，还应按具体项目进行明细核算。

三、事业收入的主要账务处理如下：

（一）采用财政专户返还方式管理的事业收入

1. 收到应上缴财政专户的事业收入时，按照收到的款项金额，借记“银行存款”、“库存现金”等科目，贷记“应缴财政专户款”科目。

2. 向财政专户上缴款项时，按照实际上缴的款项金额，借记“应缴财政专户款”科目，贷记“银行存款”等科目。

3. 收到从财政专户返还的事业收入时，按照实际收到的返还金额，借记“银行存款”等科目，贷记本科目。

（二）其他事业收入

收到事业收入时，按照收到的款项金额，借记“银行存款”、“库存现金”等科目，贷记本科目。

涉及增值税业务的，相关账务处理参照“经营收入”科目。

（三）期末，将本科目本期发生额中的专项资金收入结转入非财政补助结转，借记本科目下各专项资金收入明细科目，贷记“非财政补助结转”科目；将本科目本期发生额中的非专项资金收入结转入事业结余，借记本科目下各非专项资金收入明细科目，贷记“事业结余”科目。

四、期末结账后，本科目应无余额。

4201 上级补助收入

一、本科目核算事业单位从主管部门和上级单位取得的非财政补助收入。

二、本科目应当按照发放补助单位、补助项目、《政府收支分类科目》中“支出功能分类”相关科目等进行明细核算。上级补助收入中如有专项资金收入，还应按具体项目进行明细核算。

三、上级补助收入的主要账务处理如下：

（一）收到上级补助收入时，按照实际收到的金额，借记“银行存款”等科目，贷记本科目。

（二）期末，将本科目本期发生额中的专项资金收入结转入非财政补助结转，借记本科目下各专项资金收入明细科目，贷记“非财政补助结转”科目；将本科目本期发生额中的非专项资金收入结转入事业结余，借记本科目下各非专项资金收入明细科目，贷记“事业结余”科目。

四、期末结账后，本科目应无余额。

4301 附属单位上缴收入

一、本科目核算事业单位附属独立核算单位按照有关规定上缴的收入。

二、本科目应当按照附属单位、缴款项目、《政府收支分类科目》中“支出功能分类”相关科目等进行明细核算。附属单位上缴收入中如有专项资金收入，还应按具体项目进行明细核算。

三、附属单位上缴收入的主要账务处理如下：

（一）收到附属单位缴来款项时，按照实际收到金额，借记“银行存款”等科目，贷记本科目。

（二）期末，将本科目本期发生额中的专项资金收入结转入非财政补助结转，借记本科目下各专项资金收入明细科目，贷记“非财政补助结转”科目；将本科目本期发生额中的非专项资金收入结转入事业结余，借记本科目下各非专项资金收入明细科目，贷记“事业结余”科目。

四、期末结账后，本科目应无余额。

4401 经营收入

一、本科目核算事业单位在专业业务活动及其辅助活动之外开展非独立核算经营活动取得的收入。

二、本科目应当按照经营活动类别、项目、《政府收支分类科目》中“支出功能分类”相关科目等进行明细核算。

三、经营收入的主要账务处理如下：

（一）经营收入应当在提供服务或发出存货，同时收讫价款或者取得索取价款的凭据时，按照实际收到或应收的金额确认收入。

实现经营收入时，按照确定的收入金额，借记“银行存款”、“应收账款”、“应收票据”等科目，贷记本科目。

属于增值税小规模纳税人的事业单位实现经营收入，按实际出售价款，借记“银行存款”、“应收账款”、“应收票据”等科目，按出售价款扣除增值税额后的金额，贷记本科目，按应缴增值税金额，贷记“应缴税费——应缴增值税”科目。

属于增值税一般纳税人的事业单位实现经营收入，按包含增值税的价款总额，借记“银行存款”、“应收账款”、“应收票据”等科目，按扣除增值税销项税额后的价款金额，贷记本科目，按增值税专用发票上注明的增值税金额，贷记“应缴税费——应缴增值税（销项税额）”科目。

（二）期末，将本科目本期发生额转入经营结余，借记本科目，贷记“经营结余”科目。

四、期末结账后，本科目应无余额。

4501　其他收入

一、本科目核算事业单位除财政补助收入、事业收入、上级补助收入、附属单位上缴收入、经营收入以外的各项收入，包括投资收益、银行存款利息收入、租金收入、捐赠收入、现金盘盈收入、存货盘盈收入、收回已核销应收及预付款项、无法偿付的应付及预收款项等。

二、本科目应当按照其他收入的类别、《政府收支分类科目》中“支出功能分类”相关科目等进行明细核算。对于事业单位对外投资实现的投资净损益，应单设“投资收益”明细科目进行核算；其他收入中如有专项资金收入（如限定用途的捐赠收入），还应按具体项目进行明细核算。

三、其他收入的主要账务处理如下：

（一）投资收益

1. 对外投资持有期间收到利息、利润等时，按实际收到的金额，借记“银行存款”等科目，贷记本科目（投资收益）。

2．出售或到期收回国债投资本息，按照实际收到的金额，借记“银行存款”等科目，按照出售或收回国债投资的成本，贷记“短期投资”、“长期投资”科目，按其差额，贷记或借记本科目（投资收益）。

（二）银行存款利息收入、租金收入

收到银行存款利息、资产承租人支付的租金，按照实际收到的金额，借记“银行存款”等科目，贷记本科目。

（三）捐赠收入

1. 接受捐赠现金资产，按照实际收到的金额，借记“银行存款”等科目，贷记本科目。

2. 接受捐赠的存货验收入库，按照确定的成本，借记“存货”科目，按照发生的相关税费、运输费等，贷记“银行存款”等科目，按照其差额，贷记本科目。

接受捐赠固定资产、无形资产等非流动资产，不通过本科目核算。

（四）现金盘盈收入

每日现金账款核对中如发现现金溢余，属于无法查明原因的部分，借记“库存现金”科目，贷记本科目。

（五）存货盘盈收入

盘盈的存货，按照确定的入账价值，借记“存货”科目，贷记本科目。

（六）收回已核销应收及预付款项

已核销应收账款、预付账款、其他应收款在以后期间收回的，按照实际收回的金额，借记“银行存款”等科目，贷记本科目。

（七）无法偿付的应付及预收款项

无法偿付或债权人豁免偿还的应付账款、预收账款、其他应付款及长期应付款，借记“应付账款”、“预收账款”、“其他应付款”、“长期应付款”等科目，贷记本科目。

（八）期末，将本科目本期发生额中的专项资金收入结转入非财政补助结转，借记本科目下各专项资金收入明细科目，贷记“非财政补助结转”科目；将本科目本期发生额中的非专项资金收入结转入事业结余，借记本科目下各非专项资金收入明细科目，贷记“事业结余”科目。

四、期末结账后，本科目应无余额。

五、支出类

5001 事业支出

一、本科目核算事业单位开展专业业务活动及其辅助活动发生的基本支出和项目支出。

二、本科目应当按照“基本支出”和“项目支出”，“财政补助支出”、“非财政专项资金支出”和“其他资金支出”等层级进行明细核算，并按照《政府收支分类科目》中“支出功能分类”相关科目进行明细核算；“基本支出”和“项目支出”明细科目下应当按照《政府收支分类科目》中“支出经济分类”的款级科目进行明细核算；同时在“项目支出”明细科目下按照具体项目进行明细核算。

三、事业支出的主要账务处理如下：

（一）为从事专业业务活动及其辅助活动人员计提的薪酬等，借记本科目，贷记“应付职工薪酬”等科目。

（二）开展专业业务活动及其辅助活动领用的存货，按领用存货的实际成本，借记本科目，贷记“存货”科目。

（三）开展专业业务活动及其辅助活动中发生的其他各项支出，借记本科目，贷记“库存现金”、“银行存款”、“零余额账户用款额度”、“财政补助收入”等科目。

（四）期末，将本科目（财政补助支出）本期发生额结转入“财政补助结转”科目，借记“财政补助结转——基本支出结转、项目支出结转”科目，贷记本科目（财政补助支出——基本支出、项目支出）或本科目（基本支出——财政补助支出、项目支出——财政补助支出）；将本科目（非财政专项资金支出）本期发生额结转入“非财政补助结转”科目，借记“非财政补助结转”科目，贷记本科目（非财政专项资金支出）或本科目（项目支出——非财政专项资金支出）；将本科目（其他资金支出）本期发生额结转入“事业结余”科目，借记“事业结余”科目，贷记本科目（其他资金支出）或本科目（基本支出——其他资金支出、项目支出——其他资金支出）。

四、期末结账后，本科目应无余额。

5101 上缴上级支出

一、本科目核算事业单位按照财政部门和主管部门的规定上缴上级单位的支出。

二、本科目应当按照收缴款项单位、缴款项目、《政府收支分类科目》中“支出功能分类”相关科目等进行明细核算。

三、上缴上级支出的主要账务处理如下：

（一）按规定将款项上缴上级单位的，按照实际上缴的金额，借记本科目，贷记“银行存款”等科目。

（二）期末，将本科目本期发生额转入事业结余，借记“事业结余”科目，贷记本科目。

四、期末结账后，本科目应无余额。

5201 对附属单位补助支出

一、本科目核算事业单位用财政补助收入之外的收入对附属单位补助发生的支出。

二、本科目应当按照接受补助单位、补助项目、《政府收支分类科目》中“支出功能分类”相关科目等进行明细核算。

三、对附属单位补助支出的主要账务处理如下：

（一）发生对附属单位补助支出的，按照实际支出的金额，借记本科目，贷记“银行存款”等科目。

（二）期末，将本科目本期发生额转入事业结余，借记“事业结余”科目，贷记本科目。

四、期末结账后，本科目应无余额。

5301 经营支出

一、本科目核算事业单位在专业业务活动及其辅助活动之外开展非独立核算经营活动发生的支出。

二、事业单位开展非独立核算经营活动的，应当正确归集开展经营活动发生的各项费用数；无法直接归集的，应当按照规定的标准或比例合理分摊。

事业单位的经营支出与经营收入应当配比。

三、本科目应当按照经营活动类别、项目、《政府收支分类科目》中“支出功能分类”相关科目等进行明细核算。

四、经营支出的主要账务处理如下：

（一）为在专业业务活动及其辅助活动之外开展非独立核算经营活动人员计提的薪酬等，借记本科目，贷记“应付职工薪酬”等科目。

（二）在专业业务活动及其辅助活动之外开展非独立核算经营活动领用、发出的存货，按领用、发出存货的实际成本，借记本科目，贷记“存货”科目。

（三）在专业业务活动及其辅助活动之外开展非独立核算经营活动中发生的其他各项支出，借记本科目，贷记“库存现金”、“银行存款”、“应缴税费”等科目。

（四）期末，将本科目本期发生额转入经营结余，借记“经营结余”科目，贷记本科目。

五、期末结账后，本科目应无余额。

5401　其他支出

一、本科目核算事业单位除事业支出、上缴上级支出、对附属单位补助支出、经营支出以外的各项支出，包括利息支出、捐赠支出、现金盘亏损失、资产处置损失、接受捐赠（调入）非流动资产发生的税费支出等。

二、本科目应当按照其他支出的类别、《政府收支分类科目》中“支出功能分类”相关科目等进行明细核算。其他支出中如有专项资金支出，还应按具体项目进行明细核算。

三、其他支出的主要账务处理如下：

（一）利息支出

支付银行借款利息时，借记本科目，贷记“银行存款”科目。

（二）捐赠支出

1. 对外捐赠现金资产，借记本科目，贷记“银行存款”等科目。

2. 对外捐出存货，借记本科目，贷记“待处置资产损溢”科目。

对外捐赠固定资产、无形资产等非流动资产，不通过本科目核算。

（三）现金盘亏损失

每日现金账款核对中如发现现金短缺，属于无法查明原因的部分，报经批准后，借记本科目，贷记“库存现金”科目。

（四）资产处置损失

报经批准核销应收及预付款项、处置存货，借记本科目，贷记“待处置资产损溢”科目。

（五）接受捐赠（调入）非流动资产发生的税费支出

接受捐赠、无偿调入非流动资产发生的相关税费、运输费等，借记本科目，贷记“银行存款”等科目。

以固定资产、无形资产取得长期股权投资，所发生的相关税费计入本科目。具体账务处理参见“长期投资”科目。

（六）期末，将本科目本期发生额中的专项资金支出结转入非财政补助结转，借记“非财政补助结转”科目，贷记本科目下各专项资金支出明细科目；将本科目本期发生额中的非专项资金支出结转入事业结余，借记“事业结余”科目，贷记本科目下各非专项资金支出明细科目。

四、期末结账后，本科目应无余额。

第四部分　会计报表格式

编号	财务报表名称	编制期
会事业 01 表	资产负债表	月度、年度
会事业 02 表	收入支出表	月度、年度
会事业 03 表	财政补助收入支出表	年度
	附注	年度

资产负债表

会事业 01 表

编制单位：　　　　　年　　　　月　　　　日　　　　单位：元

资产	期末余额	年初余额	负债和净资产	期末余额	年初余额
流动资产：			流动负债：		
货币资金			短期借款		
短期投资			应缴税费		
财政应返还额度			应缴国库款		
应收票据			应缴财政专户款		
应收账款			应付职工薪酬		
预付账款			应付票据		
其他应收款			应付账款		
存货			预收账款		
其他流动资产			其他应付款		
流动资产合计			其他流动负债		
非流动资产：			流动负债合计		
长期投资			非流动负债：		
固定资产			长期借款		
固定资产原价			长期应付款		
减：累计折旧			非流动负债合计		
在建工程			负债合计		
无形资产			净资产：		
无形资产原价			事业基金		
减：累计摊销			非流动资产基金		
待处置资产损溢			专用基金		
非流动资产合计			财政补助结转		
			财政补助结余		
			非财政补助结转		
			非财政补助结余		
			1. 事业结余		
			2. 经营结余		
			净资产合计		
资产总计			**负债和净资产总计**		

收入支出表

会事业 02 表

编制单位：　　　　　　　　　　＿＿＿＿年＿＿＿＿月　　　　　　　　　　单位：元

项目	本月数	本年累计数
一、本期财政补助结转结余		
财政补助收入		
减：事业支出（财政补助支出）		
二、本期事业结转结余		
（一）事业类收入		
1. 事业收入		
2. 上级补助收入		
3. 附属单位上缴收入		
4. 其他收入		
其中：捐赠收入		
减：（二）事业类支出		
1. 事业支出（非财政补助支出）		
2. 上缴上级支出		
3. 对附属单位补助支出		
4. 其他支出		
三、本期经营结余		
经营收入		
减：经营支出		
四、弥补以前年度亏损后的经营结余		
五、本年非财政补助结转结余		
减：非财政补助结转		
六、本年非财政补助结余		
减：应缴企业所得税		
减：提取专用基金		
七、转入事业基金		

财政补助收入支出表

会事业 03 表

编制单位：　　　　　　________年度　　　　　　单位：元

项目	本年数	上年数
一、年初财政补助结转结余		——
（一）基本支出结转		——
1. 人员经费		——
2. 日常公用经费		——
（二）项目支出结转		——
××项目		——
（三）项目支出结余		——
二、调整年初财政补助结转结余		——
（一）基本支出结转		——
1. 人员经费		——
2. 日常公用经费		——
（二）项目支出结转		——
××项目		——
（三）项目支出结余		——
三、本年归集调入财政补助结转结余		
（一）基本支出结转		
1. 人员经费		
2. 日常公用经费		
（二）项目支出结转		
××项目		
（三）项目支出结余		
四、本年上缴财政补助结转结余		
（一）基本支出结转		
1. 人员经费		

续表

项目	本年数	上年数
2. 日常公用经费		
（二）项目支出结转		
××项目		
（三）项目支出结余		
五、本年财政补助收入		
（一）基本支出		
1. 人员经费		
2. 日常公用经费		
（二）项目支出		
××项目		
六、本年财政补助支出		
（一）基本支出		
1. 人员经费		
2. 日常公用经费		
（二）项目支出		
××项目		
七、年末财政补助结转结余		——
（一）基本支出结转		——
1. 人员经费		——
2. 日常公用经费		——
（二）项目支出结转		——
××项目		——
（三）项目支出结余		——

第五部分 财务报表编制说明

一、资产负债表编制说明

（一）本表反映事业单位在某一特定日期全部资产、负债和净资产的情况。

（二）本表“年初余额”栏内各项数字，应当根据上年年末资产负债表“期末余额”栏内数字填列。如果本年度资产负债表规定的各个项目的名称和内容同上年度不相一致，应对上年年末资产负债表各项目的名称和数字按照本年度的规定进行调整，填入本表“年初余额”栏内。

（三）本表“期末余额”栏各项目的内容和填列方法：

1. 资产类项目

（1）“货币资金”项目，反映事业单位期末库存现金、银行存款和零余额账户用款额度的合计数。本项目应当根据“库存现金”、“银行存款”、“零余额账户用款额度”科目的期末余额合计填列。

（2）“短期投资”项目，反映事业单位期末持有的短期投资成本。本项目应当根据“短期投资”科目的期末余额填列。

（3）“财政应返还额度”项目，反映事业单位期末财政应返还额度的金额。本项目应当根据“财政应返还额度”科目的期末余额填列。

（4）“应收票据”项目，反映事业单位期末持有的应收票据的票面金额。本项目应当根据“应收票据”科目的期末余额填列。

（5）“应收账款”项目，反映事业单位期末尚未收回的应收账款余额。本项目应当根据“应收账款”科目的期末余额填列。

（6）“预付账款”项目，反映事业单位预付给商品或者劳务供应单位的款项。本项目应当根据“预付账款”科目的期末余额填列。

（7）“其他应收款”项目，反映事业单位期末尚未收回的其他应收款余额。本项目应当根据“其他应收款”科目的期末余额填列。

（8）“存货”项目，反映事业单位期末为开展业务活动及其他活动耗用而储存的各种材料、燃料、包装物、低值易耗品及达不到固定资产标准的用具、装具、动植物等的实际成本。本项目应当根据“存货”科目的期末余额填列。

（9）“其他流动资产”项目，反映事业单位除上述各项之外的其他流动资产，如将在1年内（含1年）到期的长期债券投资。本项目应当根据“长期投资”等科目的期末余额分析填列。

（10）“长期投资”项目，反映事业单位持有时间超过1年（不含1年）的股权和债权性质的投资。本项目应当根据“长期投资”科目期末余额减去其中将于1年内（含1年）到期的长期债券投资余额后的金额填列。

（11）“固定资产”项目，反映事业单位期末各项固定资产的账面价值。本项目应当根据“固定资产”科目期末余额减去“累计折旧”科目期末余额后的金额填列。

“固定资产原价”项目，反映事业单位期末各项固定资产的原价。本项目应当根据“固定资产”科目的期末余额填列。

“累计折旧”项目，反映事业单位期末各项固定资产的累计折旧。本项目应当根据“累计折旧”科目的期末余额填列。

（12）“在建工程”项目，反映事业单位期末尚未完工交付使用的在建工程发生的实际成本。本项目应当根据“在建工程”科目的期末余额填列。

（13）“无形资产”项目，反映事业单位期末持有的各项无形资产的账面价值。本项目应当根据“无形资产”科目期末余额减去“累计摊销”科目期末余额后的金额填列。

“无形资产原价”项目，反映事业单位期末持有的各项无形资产的原价。本项目应当根据“无形资产”科目的期末余额填列。

“累计摊销”项目，反映事业单位期末各项无形资产的累计摊销。本项目应当根据“累计摊销”科目的期末余额填列。

（14）“待处置资产损溢”项目，反映事业单位期末待处置资产的价值及处置损溢。本项目应当根据“待处置资产损溢”科目的期末借方余额填列；如“待处置资产损溢”科目期末为贷方余额，则以“-”号填列。

（15）“非流动资产合计”项目，按照“长期投资”、“固定资产”、“在建工程”、“无形资产”、“待处置资产损溢”项目金额的合计数填列。

2. 负债类项目

（16）“短期借款”项目，反映事业单位借入的期限在1年内（含1年）的各种借款。本项目应当根据“短期借款”科目的期末余额填列。

（17）“应缴税费”项目，反映事业单位应交未交的各种税费。本项目应当根据“应缴税费”科目的期末贷方余额填列；如“应缴税费”科目期末为借方余额，则以“-”号填列。

（18）“应缴国库款”项目，反映事业单位按规定应缴入国库的款项（应缴税费除外）。本项目应当根据“应缴国库款”科目的期末余额填列。

（19）“应缴财政专户款”项目，反映事业单位按规定应缴入财政专户的款项。本项目应当根据“应缴财政专户款”科目的期末余额填列。

（20）“应付职工薪酬”项目，反映事业单位按有关规定应付给职工及为职工支付的各种薪酬。本项目应当根据“应付职工薪酬”科目的期末余额填列。

（21）“应付票据”项目，反映事业单位期末应付票据的金额。本项目应当根据“应付票据”科目的期末余额填列。

（22）“应付账款”项目，反映事业单位期末尚未支付的应付账款的金额。本项目应当根据“应付账款”科目的期末余额填列。

（23）“预收账款”项目，反映事业单位期末按合同规定预收但尚未实际结算的款项。本项目应当根据“预收账款”科目的期末余额填列。

（24）“其他应付款”项目，反映事业单位期末应付未付的其他各项应付及暂收款项。本项目应当根据“其他应付款”科目的期末余额填列。

（25）“其他流动负债”项目，反映事业单位除上述各项之外的其他流动负债，如承担的将于1年内（含1年）偿还的长期负债。本项目应当根据“长期借款”、“长期应付款”等科目的期末余额分析填列。

（26）“长期借款”项目，反映事业单位借入的期限超过1年（不含1年）的各项借款本金。本项目应当根据“长期借款”科目的期末余额减去其中将于1年内（含1年）到期的长期借款余额后的金额填列。

（27）“长期应付款”项目，反映事业单位发生的偿还期限超过1年（不含1年）的各种应付款项。本项目应当根据“长期应付款”科目的期末余额减去其中将于1年内（含1年）到期的长期应付款余额后的金额填列。

3. 净资产类项目

(28)“事业基金”项目，反映事业单位期末拥有的非限定用途的净资产。本项目应当根据“事业基金”科目的期末余额填列。

(29)“非流动资产基金”项目，反映事业单位期末非流动资产占用的金额。本项目应当根据“非流动资产基金”科目的期末余额填列。

(30)“专用基金”项目，反映事业单位按规定设置或提取的具有专门用途的净资产。本项目应当根据“专用基金”科目的期末余额填列。

(31)“财政补助结转”项目，反映事业单位滚存的财政补助结转资金。本项目应当根据“财政补助结转”科目的期末余额填列。

(32)“财政补助结余”项目，反映事业单位滚存的财政补助项目支出结余资金。本项目应当根据“财政补助结余”科目的期末余额填列。

(33)“非财政补助结转”项目，反映事业单位滚存的非财政补助专项结转资金。本项目应当根据“非财政补助结转”科目的期末余额填列。

(34)“非财政补助结余”项目，反映事业单位自年初至报告期末累计实现的非财政补助结余弥补以前年度经营亏损后的余额。本项目应当根据“事业结余”、“经营结余”科目的期末余额合计填列；如“事业结余”、“经营结余”科目的期末余额合计为亏损数，则以“-”号填列。在编制年度资产负债表时，本项目金额一般应为“0”；若不为“0”，本项目金额应为“经营结余”科目的期末借方余额（“-”号填列）。

“事业结余”项目，反映事业单位自年初至报告期末累计实现的事业结余。本项目应当根据“事业结余”科目的期末余额填列；如“事业结余”科目的期末余额为亏损数，则以“-”号填列。在编制年度资产负债表时，本项目金额应为“0”。

“经营结余”项目，反映事业单位自年初至报告期末累计实现的经营结余弥补以前年度经营亏损后的余额。本项目应当根据“经营结余”科目的期末余额填列；如“经营结余”科目的期末余额为亏损数，则以“-”号填列。在编制年度资产负债表时，本项目金额一般应为“0”；若不为“0”，本项目金额应为“经营结余”科目的期末借方余额（“-”号填列）。

二、收入支出表编制说明

（一）本表反映事业单位在某一会计期间内各项收入、支出和结转结余情况，以及年末非财政补助结余的分配情况。

（二）本表“本月数”栏反映各项目的本月实际发生数。在编制年度收入支出表时，应当将本栏改为“上年数”栏，反映上年度各项目的实际发生数；如果本年度收入支出表规定的各个项目的名称和内容同上年度不一致，应对上年度收入支出表各项目的名称和数字按照本年度的规定进行调整，填入本年度收入支出表的“上年数”栏。

本表“本年累计数”栏反映各项目自年初起至报告期末止的累计实际发生数。编制年度收入支出表时，应当将本栏改为“本年数”。

（三）本表“本月数”栏各项目的内容和填列方法：

1. 本期财政补助结转结余

（1）“本期财政补助结转结余”项目，反映事业单位本期财政补助收入与财政补助支出相抵后的余额。本项目应当按照本表中“财政补助收入”项目金额减去“事业支出（财政补助支出）”项目金额后的余额填列。

（2）“财政补助收入”项目，反映事业单位本期从同级财政部门取得的各类财政拨款。本项目应当根据“财政补助收入”科目的本期发生额填列。

（3）“事业支出（财政补助支出）”项目，反映事业单位本期使用财政补助发生的各项事业支出。本项目应当根据“事业支出——财政补助支出”科目的本期发生额填列，或者根据“事业支出——基本支出（财政补助支出）”、“事业支出——项目支出（财政补助支出）”科目的本期发生额合计填列。

2. 本期事业结转结余

（4）“本期事业结转结余”项目，反映事业单位本期除财政补助收支、经营收支以外的各项收支相抵后的余额。本项目应当按照本表中“事业类收入”项目金额减去“事业类支出”项目金额后的余额填列；如为负数，以“－”号填列。

（5）“事业类收入”项目，反映事业单位本期事业收入、上级补助收入、附属单位上缴收入、其他收入的合计数。本项目应当按照本表中“事业收入”、“上级补助收入”、“附属单位上缴收入”、“其他收入”项目金额的合计数填列。

“事业收入”项目，反映事业单位开展专业业务活动及其辅助活动取得的收入。本项目应当根据“事业收入”科目的本期发生额填列。

“上级补助收入”项目，反映事业单位从主管部门和上级单位取得的非财政补助收入。本项目应当根据“上级补助收入”科目的本期发生额填列。

“附属单位上缴收入”项目，反映事业单位附属独立核算单位按照有关规定上缴的收入。本项目应当根据“附属单位上缴收入”科目的本期发生额填列。

“其他收入”项目，反映事业单位除财政补助收入、事业收入、上级补助收入、附属单位上缴收入、经营收入以外的其他收入。本项目应当根据“其他收入”科目的本期发生额填列。

“捐赠收入”项目，反映事业单位接受现金、存货捐赠取得的收入。本项目应当根据“其他收入”科目所属相关明细科目的本期发生额填列。

（6）“事业类支出”项目，反映事业单位本期事业支出（非财政补助支出）、上缴上级支出、对附属单位补助支出、其他支出的合计数。本项目应当按照本表中“事业支出（非财政补助支出）”、“上缴上级支出”、“对附属单位补助支出”、“其他支出”项目金额的合计数填列。

“事业支出（非财政补助支出）”项目，反映事业单位使用财政补助以外的资金发生的各项事业支出。本项目应当根据“事业支出——非财政专项资金支出”、“事业支出——其他资金支出”科目的本期发生额合计填列，或者根据“事业支出——基本支出（其他资金支出）”、“事业支出——项目支出（非财政专项资金支出、其他资金支出）”科目的本期发生额合计填列。

“上缴上级支出”项目，反映事业单位按照财政部门和主管部门的规定上缴上级单位的支出。本项目应当根据“上缴上级支出”科目的本期发生额填列。

“对附属单位补助支出”项目，反映事业单位用财政补助收入之外的收入对附属单位补助发生的支出。本项目应当根据“对附属单位补助支出”科目的本期发生额填列。

“其他支出”项目，反映事业单位除事业支出、上缴上级支出、对附属单位补助支出、经营支出以外的其他支出。本项目应当根据“其他支出”科目的本期发生额填列。

3. 本期经营结余

（7）“本期经营结余”项目，反映事业单位本期经营收支相抵后的余额。本项目应当按照本表中“经营收入”项目金额减去“经营支出”项目金额后的余额填列；如为负数，以“－”号填列。

(8)“经营收入”项目，反映事业单位在专业业务活动及其辅助活动之外开展非独立核算经营活动取得的收入。本项目应当根据“经营收入”科目的本期发生额填列。

(9)“经营支出”项目，反映事业单位在专业业务活动及其辅助活动之外开展非独立核算经营活动发生的支出。本项目应当根据“经营支出”科目的本期发生额填列。

4. 弥补以前年度亏损后的经营结余

(10)“弥补以前年度亏损后的经营结余”项目，反映事业单位本年度实现的经营结余扣除本年初未弥补经营亏损后的余额。本项目应当根据“经营结余”科目年末转入“非财政补助结余分配”科目前的余额填列；如该年末余额为借方余额，以“－”号填列。

5. 本年非财政补助结转结余

(11)“本年非财政补助结转结余”项目，反映事业单位本年除财政补助结转结余之外的结转结余金额。如本表中“弥补以前年度亏损后的经营结余”项目为正数，本项目应当按照本表中“本期事业结转结余”、“弥补以前年度亏损后的经营结余”项目金额的合计数填列；如为负数，以“－”号填列。如本表中“弥补以前年度亏损后的经营结余”项目为负数，本项目应当按照本表中“本期事业结转结余”项目金额填列；如为负数，以“－”号填列。

(12)“非财政补助结转”项目，反映事业单位本年除财政补助收支外的各专项资金收入减去各专项资金支出后的余额。本项目应当根据“非财政补助结转”科目本年贷方发生额中专项资金收入转入金额合计数减去本年借方发生额中专项资金支出转入金额合计数后的余额填列。

6. 本年非财政补助结余

（13）“本年非财政补助结余”项目，反映事业单位本年除财政补助之外的其他结余金额。本项目应当按照本表中“本年非财政补助结转结余”项目金额减去“非财政补助结转”项目金额后的金额填列；如为负数，以“－”号填列。

（14）“应缴企业所得税”项目，反映事业单位按照税法规定应缴纳的企业所得税金额。本项目应当根据“非财政补助结余分配”科目的本年发生额分析填列。

（15）“提取专用基金”项目，反映事业单位本年按规定提取的专用基金金额。本项目应当根据“非财政补助结余分配”科目的本年发生额分析填列。

7. 转入事业基金

（16）“转入事业基金”项目，反映事业单位本年按规定转入事业基金的非财政补助结余资金。本项目应当按照本表中“本年非财政补助结余”项目金额减去“应缴企业所得税”、“提取专用基金”项目金额后的余额填列；如为负数，以“－”号填列。

上述（10）至（16）项目，只有在编制年度收入支出表时才填列；编制月度收入支出表时，可以不设置此 7 个项目。

三、财政补助收入支出表编制说明

（一）本表反映事业单位某一会计年度财政补助收入、支出、结转及结余情况。

（二）本表“上年数”栏内各项数字，应当根据上年度财政补助收入支出表“本年数”栏内数字填列。

（三）本表“本年数”栏各项目的内容和填列方法：

1. “年初财政补助结转结余”项目及其所属各明细项目，反映事业单位本年初财政补助结转和结余余额。各项目应当根据上年度财政补助收入支出表中“年末财政补助结转结余”项目及其所属各明细项目“本年数”栏的数字填列。

2. “调整年初财政补助结转结余”项目及其所属各明细项目，反映事业单位因本年发生需要调整以前年度财政补助结转结余的事项，而对年初财政补助结转结余的调整金额。各项目应当根据“财政补助结转”、“财政补助结余”科目及其所属明细科目的本年发生额分析填列。如调整减少年初财政补助结转结余，以“-”号填列。

3. “本年归集调入财政补助结转结余”项目及其所属各明细项目，反映事业单位本年度取得主管部门归集调入的财政补助结转结余资金或额度金额。各项目应当根据“财政补助结转”、“财政补助结余”科目及其所属明细科目的本年发生额分析填列。

4. “本年上缴财政补助结转结余”项目及其所属各明细项目，反映事业单位本年度按规定实际上缴的财政补助结转结余资金或额度金额。各项目应当根据“财政补助结转”、“财政补助结余”科目及其所属明细科目的本年发生额分析填列。

5. “本年财政补助收入”项目及其所属各明细项目，反映事业单位本年度从同级财政部门取得的各类财政拨款金额。各项目应当根据“财政补助收入”科目及其所属明细科目的本年发生额填列。

6. “本年财政补助支出”项目及其所属各明细项目，反映事业单位本年度发生的财政补助支出金额。各项目应当根据“事业支出”科目所属明细科目本年发生额中的财政补助支出数填列。

7. “年末财政补助结转结余”项目及其所属各明细项目，反映事业单位截至本年末的财政补助结转和结余余额。各项目应当根据“财政补助结转”、“财政补助结余”科目及其所属明细科目的年末余额填列。

四、附注

事业单位的会计报表附注至少应当披露下列内容：

（一）遵循《事业单位会计准则》、《事业单位会计制度》的声明；

（二）单位整体财务状况、业务活动情况的说明；

（三）会计报表中列示的重要项目的进一步说明，包括其主要构成、增减变动情况等；

（四）重要资产处置情况的说明；

（五）重大投资、借款活动的说明；

（六）以名义金额计量的资产名称、数量等情况，以及以名义金额计量理由的说明；

（七）以前年度结转结余调整情况的说明；

（八）有助于理解和分析会计报表需要说明的其他事项。

附录三

新旧事业单位会计制度有关衔接问题的处理规定

2013年1月10日 财会［2013］2号

我部对1997年7月印发的《事业单位会计制度》（财预字［1997］288号）（以下简称原制度）进行了全面修订，于2012年12月19日发布了新《事业单位会计制度》（财会［2012］22号）（以下简称新制度），自2013年1月1日起施行。为了确保新旧制度顺利过渡，现对事业单位执行新制度的有关衔接问题规定如下：

一、新旧制度衔接总要求

（一）自2013年1月1日起，事业单位应当严格按照新制度的规定进行会计核算和编报财务报表。

（二）事业单位应当按照本规定做好新旧制度的衔接。相关工作包括以下几个方面：

1. 根据原账编制2012年12月31日的科目余额表。

2. 按照新制度设立2013年1月1日的新账。

3. 将2012年12月31日原账科目余额按照本规定进行调整（包括新旧结转调整和基建并账调整），按调整后的科目余额编制科目余额表，作为新账各会计科目的期初余额。上述“原账中各会计科目”指原制度规定的会计科目，以及参照财政部印发的相关补充规定增设的会计科目。

新旧会计科目对照情况参见本规定附表。

4. 根据新账各会计科目期初余额，按照新制度编制2013年

1月1日期初资产负债表。

（三）及时调整会计信息系统。事业单位应当对原有会计核算软件和会计信息系统进行及时更新和调试，正确实现数据转换，确保新旧账套的有序衔接。

二、将原账科目余额转入新账

（一）资产类。

1.“现金”、“银行存款”、“零余额账户用款额度”、“财政应返还额度”、“应收票据”、“应收账款”、“预付账款”、“其他应收款”科目。

新制度设置了“库存现金”、“银行存款”、“零余额账户用款额度”、“财政应返还额度”、“应收票据”、“应收账款”、“预付账款”、“其他应收款”科目，其核算内容与原账中上述相应科目的核算内容基本相同。转账时，应将原账中上述科目的余额直接转入新账中相应科目。新账中相应科目设有明细科目的，应将原账中上述科目的余额加以分析，分别转入新账中相应科目的相关明细科目。

2.“材料”、“产成品”、“成本费用”科目。

新制度未设置“材料”、“产成品”、“成本费用”科目，但设置了“存货”科目，其核算范围包括原账中“材料”、“产成品”、“成本费用”科目的核算内容。转账时，应将原账中“材料”、“产成品”、“成本费用”科目的余额分析转入新账中“存货”科目的相关明细科目。

3.“对外投资”科目。

新制度将事业单位的对外投资划分为短期投资和长期投资，相应设置了“短期投资”、“长期投资”两个科目，两个科目的核算内容与原账中“对外投资”科目的核算内容基本相同。转账时，应对原账中“对外投资”科目的余额进行分析：将依法取得的、持有时间不超过1年（含1年）的对外投资余额转入新账中“短期投资”科目，将剩余余额转入新账中“长期投资”科目。

4. “固定资产”科目。

新制度设置了“固定资产”科目，由于固定资产价值标准提高，原账中作为固定资产核算的实物资产，将有一部分要按照新制度转为低值易耗品。转账时，应当根据重新确定的固定资产目录，对原账中“固定资产”科目的余额进行分析：

（1）对于达不到新制度中固定资产确认标准的，应当将相应余额转入新账中“存货”科目，将相应的“固定基金”科目余额转入新账中“事业基金”科目；对于已领用出库的，还应同时将其成本一次性摊销，同时做好相关实物资产的登记管理工作，在新账中，借记“事业基金”科目，贷记“存货”科目。

（2）对于符合新制度中固定资产确认标准的，应当将相应余额转入新账中“固定资产”科目。

5. “无形资产”科目。

新制度设置了“无形资产”科目，核算无形资产的原价。原账中“无形资产”科目余额反映的是尚未摊销的无形资产价值。转账时，将原账中“无形资产”科目的余额转入新账中的“无形资产”科目，同时将相应的“事业基金”科目余额转入新账中“非流动资产基金——无形资产”科目。

事业单位按新制度规定对无形资产进行摊销的，应当自2013年1月1日起设置和启用“累计摊销”科目，以“无形资产”科目2013年1月1日的期初余额为原价，按新制度规定进行摊销。

（二）负债类。

1. “借入款项”科目。

新制度将事业单位的借入款项划分为短期借款和长期借款，

相应设置了“短期借款”、“长期借款”两个科目，两个科目的核算内容与原账中“借入款项”科目的核算内容基本相同。转账时，应对原账中“借入款项”科目的余额进行分析：将期限在1年内（含1年）的各种借款余额转入新账中“短期借款”科目，将剩余余额转入新账中“长期借款”科目。

2.“应交税金”、“应缴预算款”、“应缴财政专户款”科目。

新制度设置了“应缴税费”、“应缴国库款”、“应缴财政专户款”科目，其核算内容与原账中“应交税金”、“应缴预算款”、“应缴财政专户款”科目的核算内容基本相同。转账时，应将原账中“应交税金”、“应缴预算款”、“应缴财政专户款”科目的余额分别直接转入新账中的“应缴税费”、“应缴国库款”、“应缴财政专户款”科目。

3.“应付工资（离退休费）”、“应付地方（部门）津贴补贴”、“应付其他个人收入”科目。

新制度未设置“应付工资（离退休费）”、“应付地方（部门）津贴补贴”、“应付其他个人收入”科目，但设置了“应付职工薪酬”科目，其核算内容涵盖了原账中上述三个科目的核算内容，并包括应付的社会保险费和住房公积金等。事业单位应在新账中该科目下按照国家有关规定设置明细科目。转账时，应将原账中“应付工资（离退休费）”、“应付地方（部门）津贴补贴”、“应付其他个人收入”科目的余额分别转入新账中“应付职工薪酬”科目的相关明细科目，并对原账中“其他应付款”科目的余额进行分析，将其中属于事业单位应付的社会保险费和住房公积金等的余额，转入新账中“应付职工薪酬”科目的相关明细科目。

4.“应付票据”、“应付账款”、“预收账款”科目。

新制度设置了“应付票据”、“预收账款”科目，其核算内容与原账中上述相应科目的核算内容基本相同。转账时，应将原账中上述科目的余额直接转入新账中相应科目。

新制度设置了“应付账款”科目，其核算内容与原账中上述相应科目的核算内容基本相同，但不包括偿还期在1年以上（不含1年）的应付账款，如跨年度分期付款购入固定资产的价款等。转账时，应当对“应付账款”科目进行分析，将偿还期在1年以上（不含1年）的应付账款的余额转入新账中的“长期应付款”科目；将剩余余额转入新账中“应付账款”科目。

5. “其他应付款”科目。

新制度设置了“其他应付款”科目。该科目的核算范围比原账中“其他应付款”科目的核算范围小，不包括事业单位应付的社会保险费和住房公积金，以及偿还期限在1年以上（不含1年）的应付款项，如以融资租赁租入的固定资产租赁费等，相应内容转由新制度下“应付职工薪酬”、“长期应付款”科目核算。转账时，应将原账中“其他应付款”科目的余额进行分析：将其中属于应付的社会保险费和住房公积金的余额，转入新账中“应付职工薪酬”科目；将其中属于偿还期限在1年以上（不含1年）的应付款项的余额，转入新账中“长期应付款”科目；将剩余余额，转入新账中“其他应付款”科目。

（三）净资产类。

1. “事业基金”科目。

新制度设置了“事业基金”科目，但不再在该科目下设置“一般基金”、“投资基金”明细科目，其核算范围也较原账中“事业基金”科目发生变化，不再包括财政补助结转和财政补助结余。转账时，应将原账中“事业基金”科目所属“投资基金”明细科目的余额分析转入新账中“非流动资产基金——长期投资”科目，并对所属“一般基金”明细科目的余额（扣除转入新账中“非流动资产基金——无形资产”科目数额后的余额）进行分析：对属于新制度下财政补助结转的余额转入新账中“财政补助结转”科目；对属于新制度下财政补助结余的余额转入新账中“财政补助结余”科目；将剩余余额转入新账中“事业基金”科目。

2. “固定基金”科目。

新制度未设置“固定基金”科目，但设置了“非流动资产基金”科目，核算事业单位长期投资、固定资产、在建工程、无形资产等非流动资产占用的金额。转账时，应将原账中“固定基金”科目的余额（扣除转为存货的固定资产对应的固定基金数额后的余额）转入新账中“非流动资产基金——固定资产”科目。

3. “专用基金”科目。

新制度设置了“专用基金”科目，转账时，应将原账中“专用基金”科目的余额分析转入新账中“专用基金”科目的相关明细科目。

4. “经营结余”科目。

新制度设置了“经营结余”科目，其核算范围与原账中“经营结余”科目的核算范围基本相同。转账时，如果原账中“经营结余”科目有借方余额，应直接转入新账中“经营结余”科目。

5. “事业结余”、“结余分配”科目。

新制度设置了“事业结余”科目，其核算范围较原账中“事业结余”科目发生变化，不再包括财政补助结转和财政补助结余；新制度未设置“结余分配”科目，但设置了“非财政补助结余分配”科目，核算事业单位本年度非财政补助结余分配的情况和结果。因原账中“事业结余”、“结余分配”科目一般无余额，不需进行转账处理。“事业结余”、“非财政补助结余分配”科目自 2013 年 1 月 1 日起直接启用新账即可。

（四）收入支出类。

1. “财政补助收入”、“事业收入”、“上级补助收入”、“附属单位缴款”、“经营收入”、“其他收入”、“拨出经费”、“事业支出”、“上缴上级支出”、“对附属单位补助”、“经营支出”、“销售税金”、“结转自筹基建”科目。

由于上述原账中收入支出类科目年末无余额，不需进行转账处理。自 2013 年 1 月 1 日起，应当按照新制度设置收入支出类科目并进行账务处理。

2. “拨入专款”、“拨出专款”、“专款支出”科目。

新制度未设置“拨入专款”、“拨出专款”、“专款支出”科目。转账时，应将原账中“拨入专款”科目的余额转入新账中“非财政补助结转”科目的贷方，将原账中“拨出专款”、“专款支出”科目的余额转入新账中“非财政补助结转”科目的借方。

三、按照新制度将基建账相关数据并入新账

事业单位应当按照新制度的要求，在按国家有关规定单独核算基本建设投资的同时，将基建账相关数据并入单位会计“大账”。新制度设置了“在建工程”科目，该科目为新设科目。事业单位应当在新账中“在建工程”科目下设置“基建工程”明细科目，核算由基建账并入的在建工程成本。

将 2012 年 12 月 31 日原基建账中相关科目余额并入新账时：按照基建账中“建筑安装工程投资”、“设备投资”、“待摊投资”、“预付工程款”等科目余额，借记新账中“在建工程——基建工程”科目；按照基建账中“交付使用资产”等科目余额，借记新账中“固定资产”等科目；按照基建账中“基建投资借款”科目余额，贷记新账中“长期借款”科目；按照基建账中

"建筑安装工程投资"、"设备投资"、"待摊投资"、"预付工程款"、"交付使用资产"等科目余额，贷记新账中"非流动资产基金"科目的相关明细科目；按照基建账中"基建拨款"科目余额中归属于财政补助结转的部分，贷记新账中"财政补助结转"科目；按照基建账中其他科目余额，分析调整新账中相应科目；按照上述借贷方差额，贷记或借记新账中"事业基金"科目。

事业单位执行新制度后，应当至少按月根据基建账中相关科目的发生额，在"大账"中按照新制度对基建相关业务进行会计处理。

四、财务报表新旧衔接

（一）编制 2013 年 1 月 1 日期初资产负债表。

事业单位应当根据新账各会计科目期初余额，按照新制度编制 2013 年 1 月 1 日期初资产负债表。

（二）事业单位 2013 年度财务报表的编制。

事业单位应当按照新制度规定编制 2013 年的月度、年度财务报表。在编制 2013 年度收入支出表、财政补助收入支出表时，不要求填列上年比较数。

五、其他衔接事项

新制度设置了"累计折旧"科目，核算事业单位固定资产计提的累计折旧。事业单位应当按照《事业单位财务规则》或相关财务制度的规定确定是否对固定资产计提折旧。不对固定资产计提折旧的，不设置"累计折旧"科目。对固定资产计提折旧的，应当按照新制度的规定设置"累计折旧"科目，并进行如下处理：（1）对执行新制度前形成的固定资产（不包括新旧转账时转入"存货"的固定资产），应当在 2013 年度全面核查其原价、截至 2013 年 12 月 31 日的已使用年限、尚可使用年限等，并于2013年12月31日对这些固定资产补提折旧，按照应计提的折旧金额，借记“非流动资产基金——固定资产”科目，贷记“累计折旧”科目，自2014年1月1日起对这些固定资产按照新制度的规定按月计提折旧；（2）对执行新制度后形成的固定资产，应当按照新制度的规定按月计提折旧。

附：新旧事业单位会计制度会计科目对照表（略）

后　记

2012年12月，财政部发布了《事业单位会计准则》（财政部令第72号）、《事业单位会计制度》（财会〔2012〕22号，以下简称《会计制度》），于2013年1月1日起在全国施行。这是贯彻落实《中共中央国务院关于分类推进事业单位改革的指导意见》（中发〔2011〕5号）的相关精神，适应财政管理改革和事业单位财务管理改革的需要，更好地服务于事业单位财务、预算、资产、成本等方面管理的制度设计。

为做好《会计制度》的贯彻实施工作，帮助会计人员学习和领会《会计制度》，我们编写了这本《事业单位会计制度辅导教程》。本书的鲜明特点是切实关注实务层面的具体会计处理：首先，详细地介绍了《会计制度》的适用范围、重大变化以及基本核算方法。其次，严格依照《会计制度》的精神，分章节、分账户系统地介绍了每一个科目的核算要求以及财务报表的编制规定。最后，及时对比新旧《会计制度》的相关内容，力求在内容上详略得当、深入浅出、通俗易懂。

本书既可以作为贯彻实施《会计制度》很好的培训教材，也可以作为事业单位会计人员继续教育教材使用。

本书主要由浙江财经大学财政与公共管理学院王晟、童光辉老师撰写，经编写组审定。但因为时间紧迫，不足之处仍恐难免，希望广大读者提出批评和改进建议。

编　者

2013年4月